Felix Hinkelmann

Softwareentwicklung für öffentliche Auftraggeber

Agile Entwicklung und Preiskalkulation

Bibliografische Information der Deutschen Nationalbibliothek:

Die Deutsche Nationalbibliothek verzeichnet diese Publikation in der Deutschen Nationalbibliografie; detaillierte bibliografische Daten sind im Internet über http://dnb.d-nb.de abrufbar.

Impressum:

Copyright © Studylab

Ein Imprint der Open Publishing GmbH

Druck und Bindung: Books on Demand GmbH, Norderstedt, Germany

Coverbild: Open Publishing | Freepik.com | Flaticon.com | ei8htz

Inhaltsverzeichnis

Abkürzungsverzeichnis

Abs.	Absatz
Art.	Artikel
BAnz	Bundesanzeiger
BHO	Bundeshaushaltsordnung
COCOMO	Constructive Cost Model
et al.	und andere
EU	Europäische Union
GWB	Gesetz gegen Wettbewerbsbeschränkung
HGrG	Haushaltsgrundsätzegesetz
Hrsg.	Herausgeber
ISO	Internationale Organisation für Normung
Mio.	Millionen
Mrd.	Milliarden
N/A	nicht verfügbar
Nr.	Nummer
o.V.	ohne Verfasser
PreisLS	Leitsätze für die Preisermittlung auf Grund von Selbstkosten
S.	Seite
SaaS	Software as a Service
UfAB	Unterlage für Ausschreibung und Bewertung von IT-Leistungen
UVgO	Unterschwellenvergabeordnung
Vgl.	Vergleiche
VgV	Vergabeverordnung
VOL	Vergabe- und Vertragsordnung für Leistungen
VO PR 30/53	Verordnung Preisrecht Nummer 30/53

Abbildungsverzeichnis

1 Einleitung

Mit dem ambitionierten Ziel einer Vereinheitlichung der IT-Systeme zur Steuerverwaltung und der Integration historisch gewachsener Software aller Bundesländer, hat die öffentliche Hand in Deutschland das Projekt FISCUS ins Leben gerufen. Dieses Softwareentwicklungsprojekt wurde 2006 nach 13 Jahren Laufzeit und einem Schaden von 500 Mio. € abgebrochen – und das ohne ein nutzbares Ergebnis erzielt zu haben.[1] Es gibt viele weitere Beispiele für von der öffentlichen Hand vergebene Projekte mit dem Ziel einer funktionierenden Software, die durch hohe Komplexität in diesem Bereich gescheitert sind.[2]

Nicht nur Softwareentwicklungsprojekte der öffentlichen Hand sind dieser steigenden Komplexität erlegen. Auch privatwirtschaftliche Unternehmen haben damit zu kämpfen. Daher ist vor etwa 15 Jahren ein neuer Trend gestartet, die bis dato starren Vorgehensmodelle in der Abwicklung solcher Projekte aufzubrechen und stattdessen agiler zu gestalten.[3] Studien belegen die weitaus höheren Erfolgswahrscheinlichkeiten und geringeren Abbruchrisiken von agilen Softwareentwicklungsprojekten im Vergleich zu solchen, die nach den herkömmlichen, phasenorientierten Vorgehensmodellen entwickelt wurden.[4]

Doch agile Entwicklungsmethoden stoßen an ihre Grenzen, wenn ihnen die vertragliche Gestaltung und somit auch das Vergütungsmodell zuwider laufen.[5] Inzwischen gibt es diverse Ansätze, wie eine mit agilen Vorgehensmodellen einhergehende und harmonisierende Preisgestaltung aussehen kann. Jedoch sind viele dieser Ansätze mit dem Vergabeverfahren öffentlicher Auftraggeber augenscheinlich nicht vereinbar. Aufgrund der enormen volkswirtschaftlichen Bedeutung der öffentlichen Auftragsvergabe drängen sich zwangsläufig folgende Fragen auf: Welche Arten der Preisgestaltung bei Entwicklungsprojekten individueller Software sind grundsätzlich möglich und welche Einflüsse haben sie auf das Vorgehensmodell der agilen Entwicklung? Sind diese mit den besonderen Bedürfnissen von öffentlichen Auftraggebern vereinbar?

---

[1] Vgl. Mertens 2009, S. 44. Der Schaden erhöht sich auf 5 Mrd. € wenn entgangene Steuereinnahmen berücksichtigt werden.

[2] Vgl. Mertens 2012, S. 433ff.

[3] Vgl. Maximini 2013, S. IX.

[4] Vgl. Orłowski et al. 2017, S. 525f; Ahimbisibwe et al. 2017, S. 420f; o.V. 2017, S. 9.

[5] Vgl. Auer-Reinsdorff 2010, S. 93.

Im Rahmen dieser Ausarbeitung wird daher in Kapitel 2 sowohl ein grundlegendes Verständnis für agile Entwicklungsmethoden und deren Vorteile für den Auftraggeber und -nehmer, als auch für die Besonderheiten bei der Vergabe von Aufträgen der öffentlichen Hand geschaffen. Es folgt eine Betrachtung der Möglichkeiten der Preisgestaltung agiler Entwicklungsprojekte und der Besonderheiten bei der Kalkulation in Kapitel 3. Darauf aufbauend erfolgt eine Analyse der Erkenntnisse vor dem Hintergrund der besonderen Anforderungen öffentlicher Auftraggeber in Kapitel 4 und der in Frage stehenden Vereinbarung mit dem öffentlichen Vergabeverfahren. Das Kapitel 5 schließt mit einer Zusammenfassung der Erkenntnisse und einem Ausblick ab.

2 Theoretische Grundlagen

Zur theoretischen Fundierung wird zunächst ein kurzer Blick auf phasenorientierte Methoden der Softwareentwicklung, welche bis vor etwa 15 Jahren gängige Praxis waren, geworfen. Dies ist nötig um in Abgrenzung dazu ein Verständnis für die wesentlichen Vorteile agiler Methoden schaffen zu können.

2.1 Phasenorientierte Methoden der Softwareentwicklung

Phasenorientierte Methoden wie das Wasserfallmodell sind im Gegensatz zu den agilen Methoden planorientiert. Der Funktionsumfang des Projektes stellt den Fixpunkt dar. Auf dieser Basis werden Kosten und Termine des Projektes geschätzt.[6] Dieses Vorgehen war in der Softwareentwicklung bis zur Entstehung des Trends zum agilen Vorgehen Anfang der 2000er Jahre Usus. Es äußert sich durch eine detaillierte Planung und Dokumentation im Pflichtenheft des Projektes. Alle Anforderungen werden also nach Möglichkeit zu Beginn definiert und fixiert. Änderungen an diesem Plan sollen vermieden werden da sie mit hohem Aufwand verbunden sind. An die Planung schließt sich als nächste Phase die Umsetzung dieser an. Mit Abschluss des Projektes soll das vollständige Produkt abgenommen werden, welches im Idealfall dem entspricht, was im Pflichtenheft festgehalten wurde.[7]

2.2 Agile Methoden der Softwareentwicklung

Ende der 1990er wurden von verschiedenen Vertretern der Softwareentwicklungsbranche und der Wissenschaft neue Vorgehensmodelle entwickelt, in denen sie Prozesse und Prinzipien vorstellten, mit denen sie den Gedanken der Agilität in das Blickfeld rückten. 2001 trafen sich die einflussreichsten Vertreter ebendieser Vorgehensmodelle, um gemeinsam das agile Manifest zu definieren. Die dort verabschiedeten Prinzipien führten in den Folgejahren einen Paradigmenwechsel in dieser Branche herbei.[8]

Im Folgenden soll ein Verständnis dafür entstehen, welche Vorteile sowohl für privatwirtschaftliche Unternehmen als auch für die öffentliche Hand, sowohl für

---

6   Vgl. Opelt et al. 2012, S. 43.
7   Vgl. Müller und Hüsselmann 2017, S. 49ff.
8   Vgl. Roock und Wolf 2016, S. 5f; Beck et al. 2001a.

Auftraggeber einer Entwicklung als auch für deren Auftragnehmer, entstehen. Um dies deutlich zu machen, empfiehlt es sich zunächst allgemein auf die Prinzipien des agilen Manifestes einzugehen, ehe ein explizites Modell beschrieben wird.

2.2.1 Prinzipien agiler Entwicklungsmethoden

In dem agilen Manifest fassen die Autoren ihre Vorstellungen in zwölf Prinzipien zusammen, welche alle agilen Vorgehensmodelle der Softwareentwicklung in sich vereinen. Diese Prinzipien stellen eine hohe Kundenorientierung in den Vordergrund und sollen den Kunden durch frühe und kontinuierliche Lieferungen von Softwareinkrementen zufriedenstellen.[9] Inkremente sind kleine, funktionierende Anteile der zu entwickelnden Software, beispielsweise Features oder Teile der Produktfunktionalitäten.[10] Diese Inkremente, aufgrund der einfachen textuellen Beschreibung im Planungsprozess auch Storys genannt, werden im iterativen Vorgehen erstellt. Eine Iteration beschreibt einen Entwicklungsschritt von maximal vier Wochen mit Präferenz zu kürzeren Zeiträumen. Agile Methoden geben nicht vor, das Produkt von Beginn der Entwicklung an bereits vollkommen spezifiziert zu haben, es werden lediglich die wesentlichen Funktionalitäten festgelegt, welche in jeder Iteration weiterentwickelt werden. Welche Funktionen die zu entwickelnde Software also haben soll wird erst im Laufe des Projektes festgelegt. Innerhalb der Iteration liegt ein besonderer Fokus auf dem Teamgedanken. Die kleinen, selbstorganisierten Entwicklungsteams treffen gemeinsam Entscheidungen, reflektieren ihre Arbeit und binden auch den Kunden intensiv ein. Das ist gemäß den Prinzipien des agilen Manifestes die Grundlage für die besten Architekturen, Anforderungen und Designs. Auch eine ausreichende Motivation der Mitarbeiter, die durch geeignete Maßnahmen positiv beeinflusst werden sollte, ist Bestandteil ebendieser Prinzipien. Agile Methoden stellen die Individuen und deren Interaktion über die Prozesse und Werkzeuge. Die effektivste und effizienteste Methode Informationen innerhalb des Teams zu transportieren ist im persönlichen Dialog.[11]

Der Kunde muss in jeder Iteration involviert werden, sein Feedback zu den bisher gelieferten Storys verarbeitet und auch seine Präferenzen und Wünsche der in der

---

[9] Vgl. Beck et al. 2001b.

[10] Vgl. Wintersteiger 2014, S. 18f.

[11] Vgl. Gloger 2014, S. 12f; Roock und Wolf 2016, S. 5ff, Beck et al. 2001a.

kommenden Iteration zu entwickelnden Funktionalitäten berücksichtigt werden. Die Prinzipien des agilen Manifestes geben vor, dass jede Änderung der Anforderungen begrüßt werden soll, auch in der späteren Entwicklungsphase, da diese den Wettbewerbsvorteil des Kunden stärken. Der Fortschritt des Projektes nach jeder Iteration soll schließlich primär in bis zu diesem Zeitpunkt funktionierender Software gemessen werden.[12]

2.2.2 Ausgestaltung agiler Entwicklungsmethoden

Agile Methoden sind sich zwar in ihren Prinzipien einig, im Folgenden soll jedoch nur Scrum als das am meisten verbreitete und erfolgreichste Vorgehensmodell, oft auch als das Standard-Vorgehensmodell betitelt, detaillierter beschrieben werden.[13] Die im Hauptteil erarbeiteten Erkenntnisse können ebenso gut auf andere agile Methoden angewandt werden. Dieser Abschnitt soll lediglich ein Verständnis für die Wirkungsweisen hinter solchen Modellen schaffen.

Scrum arbeitet nicht wie herkömmliche, phasenorientierte Entwicklungsmethoden mit einem detaillierten technischen Feinkonzept (Pflichtenheft), sondern mit drei Artefakten. Diese drei Artefakte sind das Inkrement beziehungsweise die Story, das Sprint Backlog und das Product Backlog.[14] Eine Story ist ein funktionierender Anteil der zu entwickelnden Software, ein Teil der Produktfunktionalität. Die Story wird nach ihrem Aufwand in Story Points gemessen. Eine in der Umsetzung als aufwendig eingeschätzte Story wird mit einer höheren Anzahl an Story Points bemessen, als eine in der Umsetzung voraussichtlich simplere Story. Das Sprint Backlog wird vor jeder Iteration von den Entwicklungsteams definiert. Es umfasst so viele Storys, wie die Teammitglieder schätzen in der jeweiligen Iteration umsetzen zu können. Es wird lediglich für die anstehende Iteration definiert, da agile Methoden akzeptieren, dass eine Planung welche tiefer in die Zukunft blickt, mit zu hoher Unsicherheit belastet ist und eine geringere Aussagekraft hat. Das Product Backlog enthält die Summe aller Storys, die von den Entwicklungsteams für das zu entwickelnde Produkt umgesetzt werden sollen. Die Abhängigkeit kann demnach folgendermaßen dargestellt werden:

---

12 Vgl. Beck et al. 2001b; Wintersteiger 2014, S. 21f, Gloger 2014, S. 12.

13 Vgl. Wintersteiger 2014, S. 1; Roock und Wolf 2016, S. 5; Gloger 2014, S. 11; Pieper und Roock 2017, S. 1; Opelt et al. 2012, S. 1.

14 Vgl. Pieper und Roock 2017, S. 11.

Product Backlog > Sprint Backlog > Story

Dabei soll das Product Backlog jedoch nicht zu sehr spezifiziert werden, die Anforderungen sollen lediglich ausreichend gut in Storys formuliert und in Story Points bemessen sein. Eine detailliertere Spezifikation soll erst mit dem Sprint Backlog durch Kommunikation innerhalb der Entwicklungsteams geschehen. Dies soll verhindern, dass zu viel Arbeit in die Ausgestaltung der zu entwickelnden Storys investiert wird, welche mit zunehmendem Projektverlauf und dadurch besserem Kenntnisstand sowohl bei dem Kunden, als auch bei den Entwicklungsteams ohnehin geändert werden oder entfallen.[15]

Der Fokus auf die Zusammenarbeit der Entwicklungsteams lässt bestimmte Ereignisse nötig werden. Dazu gehört das Entwicklungsvorgehen über Iterationen. Diese sollen, wie in Kapital 2.2.1 beschrieben, maximal vier Wochen mit Präferenz zu kürzeren Zeiträumen einnehmen. Dadurch soll ein zu großer Planungshorizont verhindert und ein für den Menschen gut überschaubarer Zeitraum geschaffen werden, in welchem er eine verlässliche Detailplanung generieren kann. Zu Beginn der Iteration findet das Sprint Planning statt. In diesem Termin soll durch die Beantwortung der Fragen, was das Ziel der Iteration ist und wie dieses erreicht werden soll, das Sprint Backlog erstellt werden. Im täglichen Rhythmus findet der Daily Scrum statt. In einem 15-minütigen Termin findet sich jedes Entwicklungsteam zusammen und die Teammitglieder beraten darüber, was sie am gestrigen Tag zur Erreichung des Iterationsziels getan haben, was sie am heutigen Tag dafür tun werden und welche Hindernisse sie sehen. Am Ende jeder Iteration werden das Sprint Review und die Sprint Retrospektive durchgeführt. Das Sprint Review soll mit Kundenbeteiligung und Fokus auf das Produkt die Frage beantworten, ob die entwickelten Storys den Zweck des Produktes erfüllen und ob es für die späteren Anwender nutzbar sein wird. Im Rahmen der Sprint Retrospektive hingegen sollen konkrete Verbesserungsmaßnahmen in der Zusammenarbeit der Teams erarbeitet werden. Diese widerkehrenden Ereignisse zeigen auf, wie der Fokus auf Produkt und Kunde durch agile Entwicklungsmethoden erreicht werden kann.[16]

---

[15] Vgl. Wintersteiger 2014, S. 107f; Gloger 2014, S. 16f; Petrini und Muniz JR 2014, S. 437ff.
[16] Vgl. Roock und Wolf 2016, S. 22ff; Maximini 2013, S. 182f.

An einem Produkt können ein oder mehrere Teams arbeiten. Jedes Team hat drei bis neun Mitglieder, Scrum kennt dabei nur drei Rollen: Den Product Owner, den Scrum Master und das Entwicklungsteam. Der Product Owner trägt die Verantwortung für den Kundennutzen der Software, indem er die Produkteigenschaften, also Storys im Product Backlog, entsprechend priorisiert und mit Story Points bemisst. Er definiert die Produkteigenschaften im Product Backlog und konkretisiert und verfeinert deren Anforderungen im Rahmen der Iterationen. Er soll hierdurch die Effizienz der Entwicklungsteams maximieren. Für die richtige und erfolgreiche Anwendung von Scrum sorgt der Scrum Master. Zu seinen Aufgaben gehören neben der Moderation der Meetings auch der Schutz des Teams vor externen Einflüssen, das Schaffen von Verständnis für Scrum im Unternehmen, das Coaching des Teams in Selbstorganisation und weitere Aufgaben die zeigen, dass er sich ganz in den Dienst des Teams stellt. Das Entwicklungsteam selbst ist crossfunktional aufgebaut; ihm gehören neben Entwicklern auch Experten wie Tester oder Designer an. Dieser Aufbau ist einer autarken Arbeitsweise des Entwicklungsteams dienlich.[17]

2.2.3 Intentionen agiler Entwicklungsmethoden

Die Ausgestaltung agiler Methoden wie Scrum hat viele Vorteile gegenüber den herkömmlichen phasenorientierten Methoden. Ein Wesentlicher ist die weitaus kürzere Vorlaufzeit, bis das Produkt erstmals am Markt platziert wird. Durch die iterativ-inkrementelle Vorgehensweise, also dem Anspruch nach jeder Iteration neue funktions- und verkaufsfähige Funktionalitäten bereitstellen zu können, liefert jedes Entwicklungsteam mindestens im Monatsrhythmus ein verkaufsfähiges Produkt, welches auch durch den Kunden eingesetzt werden kann. Im Rahmen von phasenorientierten Entwicklungsmethoden passiert dies erst am Ende der Projektlaufzeit, was Monate oder sogar Jahre in Anspruch nehmen kann.[18] Der Product Owner stellt dabei in Kommunikation mit dem Kunden sicher, dass nur die wirklich wertvollen Funktionalitäten in diesem Rhythmus geliefert werden.[19]

Die ständige Begleitung von Qualitätstestern innerhalb der Teams, gepaart mit der Tatsache, dass Fehler aufgrund des Anspruchs durchgehend funktionsfähige

---

[17] Vgl. Wintersteiger 2014, S. 47ff; Roock und Wolf 2016, S. 19ff.
[18] Vgl. Opelt et al. 2012, S. 35.
[19] Vgl. Roock und Wolf 2016, S. 8f.

Software zu liefern schneller gefunden werden als bei phasenorientierten Methoden, führt zu einer höheren Qualität des Produktes. Einen weiteren Teil zu der Qualitätssteigerung tragen die Einbindung des Kunden und sein laufendes Feedback bei. Durch die Diversität in der Teamzusammenstellung bei Methoden wie Scrum wird außerdem ein höherer Innovationsgrad erreicht als bei klassisch zusammengestellten Abteilungen.[20]

Die Zufriedenheit der Mitarbeiter kann durch eine höhere intrinsische Motivation wesentlich gesteigert werden. Die intrinsische Motivation im Rahmen agiler Entwicklungsmethoden wiederum ist höher als bei herkömmlichen Methoden, da der Mitarbeiter den Zweck seiner Arbeit eher versteht und für sinnvoll hält, von seinen Aufgaben nicht überfordert wird und die Art der Umsetzung seiner Aufgaben selbst bestimmen kann. Der Mitarbeiter entwickelt Funktionalitäten, deren Kundennutzen er durch die Kommunikation mit ebendiesem kennt. Den Zweck seiner Arbeit sollte er demnach verstehen. Sein Einfluss auf die Art der Umsetzung seiner Aufgaben ist durch die Selbstorganisation der Teams gegeben. Dies bietet außerdem die Chance, dass jedes Teammitglied selbst dafür sorgen kann, dass es sich Aufgaben annimmt, an denen es wächst.[21]

Der enorm kurze Planungsrhythmus in agilen Projekten sorgt für eine höhere Effizienz. Es wird nicht wie bei herkömmlichen phasenorientierten Entwicklungsprojekten jedes Detail von vornherein durchgeplant, bemessen und in einem Pflichtenheft festgehalten, welches im Projektverlauf durch die sich ändernde Umwelt ohnehin wieder umgeschrieben werden muss. Methoden wie Scrum nehmen hin, dass nur kurze Zeithorizonte gut überschaubar sind und sparen sich die vergeblichen Mühen einer zu hohen Spezifikation.[22]

2.3 Projektvergabe öffentlicher Auftraggeber

Auch für Softwareentwicklungsprojekte öffentlicher Auftraggeber, wie dem in Kapitel 1 genannten Beispiel der einheitlichen Steuerverwaltungssoftware FISCUS, kann ein agiles Vorgehensmodell einen hohen Mehrwert generieren. Als öffentliche Auftraggeber werden in Deutschland der Bund, die Länder, Gemeinden und Gemeindeverbände, sowie sonstige juristische Personen des öffentlichen Rechts

---

[20] Vgl. Pieper und Roock 2017, S. 21; Sandhaus et al. 2015, S. 308.
[21] Vgl. Pieper und Roock 2017, S. 22f.
[22] Vgl. Roock und Wolf 2016, S. 10.

gesehen.[23] Jedoch sind agile Vorgehensmodelle für die öffentliche Hand neu, ein Thema mit welchem sie sich noch wenig beschäftigt hat[24] und auch im Rechtswesen ist dieses Thema hierzulande zwar bekannt, wurde bisher jedoch kaum behandelt.[25]

Die Bundesanstalt für IT-Dienstleistungen hat mit dem V-Modell XT ein eigenes Vorgehensmodell geschaffen, welches agile Elemente aufgreift. Hierbei handelt es sich um ein Modell, welches bei der Abwicklung von Softwareentwicklungsprojekten in der öffentlichen Verwaltung zur Anwendung kommen soll. Somit ist es nur bei der Vergabe an Unternehmen der öffentlichen Hand, also der sogenannten In-House Vergabe, relevant. Da es zusammenfassend jedoch ein phasenorientiertes Modell ist, welches nur wenige agile Ideen aufgreift, bleibt es auch nur ein Versuch diesem Paradigmenwechsel zu folgen.[26] Die Implementierung agiler Methoden in der öffentlichen Verwaltung stellt für sich genommen ein komplexes Thema dar; die In-House Vergabe wird im Rahmen dieser Arbeit daher nicht eingehender behandelt.

Eine gute Übersicht über die Anforderungen öffentlicher Auftraggeber bei der Vergabe an privatwirtschaftliche Unternehmen sollte ein Blick auf die Gesetzeslage geben. Diese manifestiert die Anforderungen, an die sich bei jeder Vergabe gehalten werden muss. Im Folgenden werden sie anhand der deutschen Rechtslage untersucht. Grundsätzlich haben in Deutschland drei Rechtsvorschriften Einfluss auf die Vergabe öffentlicher Aufträge: Das Haushaltsrecht, das Vergaberecht und die preisrechtlichen Vorschriften.[27]

2.3.1 Einflüsse des Haushaltsrechtes auf die Preisbildung

Die Ausschreibungspflicht für öffentliche Aufträge, sowie die Grundsätze der wirtschaftlichen und der sparsamen Verwendung von Haushaltsmitteln, gehen aus dem Haushaltsrecht hervor.[28] Diese stellen Prämissen dar, welche bei der Durchführung des Beschaffungsprozesses durchgehend zu berücksichtigen sind.[29]

---

23 Vgl. §2 Abs. 1 VO PR 30/53.
24 Vgl. Schmid und Hanisch 2015, S. 21; Heydenreich 2016, S. 13.
25 Vgl. Ernst 2017, S. 285f.
26 Vgl. Schill und Achtert 2015, S. 52f; Schmidt et al. 2014; Schmid und Hanisch 2015, S. 21.
27 Vgl. Georgi 2015, S. 9ff.
28 Vgl. §6, §30 HGrG.
29 Vgl. Fabry et al. 2013, S. 51.

Das Wirtschaftlichkeitsprinzip schreibt allgemein das günstigste Verhältnis zwischen einem verfolgten Zweck einer Maßnahme und den für ebendiese Maßnahme eingesetzten Mitteln vor. Es beinhaltet demnach zum einen das Minimalprinzip, welches die Erreichung eines bestimmten Zieles mit möglichst geringen Mitteln vorschreibt. Zum anderen schließt es das Maximalprinzip ein, welches mit den zur Verfügung stehenden Mitteln das möglichst beste Ergebnis vorschreibt. Die Wahl des jeweiligen Prinzips richtet sich danach, ob Ziel oder Mittel gegeben sind.[30]

Konkretere Anhaltspunkte gibt die Bundeshaushaltsordnung. So darf im Bundeshaushaltsplan nur der Finanzbedarf eingestellt werden, der zur Erfüllung der Aufgaben des Bundes im Bewilligungszeitraum notwendig ist. Des Weiteren schreibt sie eine Prüfung vor, ob unter Berücksichtigung des Wirtschaftlichkeits- und Sparsamkeitsprinzips die Aufgaben nicht mit geringerem Personal- oder Sachaufwand erfüllt werden können.[31] Diese Vorschriften und viele weitere der Bundeshaushaltsordnung legen nahe, dass es bei der Erfüllung des Wirtschaftlichkeitsprinzips zum einen um die Erfüllung von Aufgaben, zum anderen um die erforderlichen und notwendigen Geldmittel zur Erfüllung ebendieser Aufgaben geht. Dabei müssen die eingesetzten Mittel geeignet sein, um den angestrebten Zweck abzudecken. Es muss des Weiteren erforderlich sein, diesen Zweck abzudecken und es darf keine sparsamere Alternative existieren. Mittel und Zweck müssen zudem in einem angemessenen Verhältnis stehen.[32]

2.3.2 Einflüsse des Vergaberechtes auf die Preisbildung

Die Art des Vergabeverfahrens wurde bis zu einer kürzlichen Reform des Vergaberechts durch die Vergabe- und Vertragsordnung für Liefer- und Dienstleistungen VOL/A geregelt. Diese teilte sich in zwei Abschnitte auf. Der erste Abschnitt enthielt die Basisparagraphen für die Durchführung nationaler Vergabeverfahren. Der zweite Abschnitt die EG-Paragraphen für die Durchführung eines europaweit einheitlichen Vergabeverfahrens.[33] Erreicht der zu vergebene Auftrag den von der EU festgelegten Schwellenwert in Höhe von 135.000 € für Aufträge, welche von zentralen Regierungsbehörden vergeben werden beziehungsweise 209.000 € für

---

[30] Vgl. Pils 2012, S. 8; Engels 2015, S. 116f.
[31] Vgl. § 2, § 90 BHO.
[32] Vgl. Engels 2015, S. 117.
[33] Vgl. Fabry et al. 2013, S. 9.

Aufträge von subzentralen öffentlichen Auftraggebern, so findet das europaweit einheitliche Vergabeverfahren Anwendung.[34]

Um die Richtlinie 2014/24/EU der Europäischen Union einer neuen europaweit einheitlichen Vergaberichtlinie fristgerecht in deutsches Recht umzusetzen, wurde das deutsche Vergaberecht oberschwellige Vergabe betreffend im April 2016 modernisiert. Die Vergabeverordnung (VgV) wurde grundlegend überarbeitet und die europäischen Vorschriften wurden im Rahmen dieser Überarbeitung berücksichtigt; der EG Abschnitt der VOL/A wurde obsolet.[35] Für Aufträge unterhalb der Schwellenwerte greift seit einer Reform des unterschwelligen Vergaberechtes im Jahr 2017 die Unterschwellenvergabeordnung.[36] Es ergeben sich die in Abbildung 1 dargestellten Möglichkeiten unterschiedlicher Vergabeverfahren für den öffentlichen Auftraggeber.

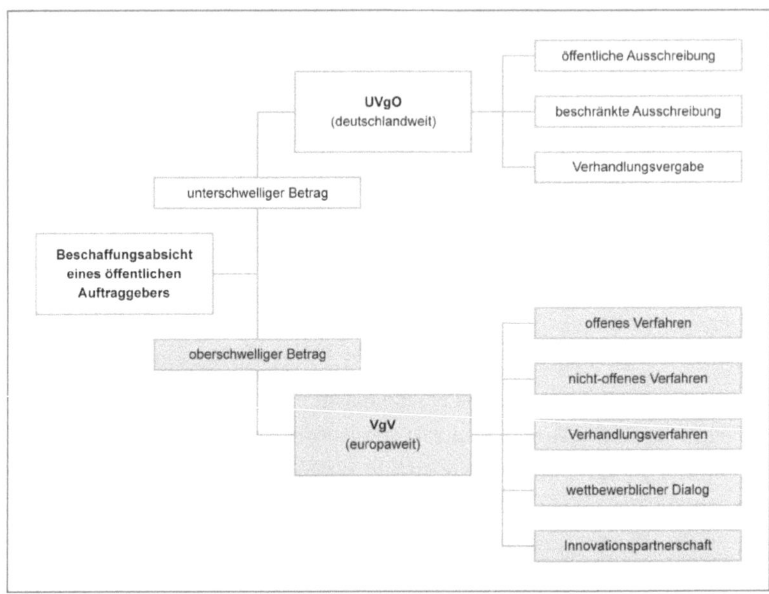

Abbildung 1: Vergabearten öffentlicher Aufträge[37]

---

[34] Vgl. Art. 4 2014/24/EU in Verbindung mit Art. 1 (EU) 2015/2170.

[35] Vgl. Ley und Wankmüller 2016, S. 10ff.

[36] Näheres hierzu in Ley und Wankmüller 2017.

[37] Eigene Darstellung in Anlehnung an §14 Abs. 1 VgV; § 8 UVgO.

Aufgrund der hohen Personalkosten der mit interdisziplinären Spezialisten besetzten Teams wird angenommen, dass bereits bei wenigen Teams und Iterationen kaum ein agiles Entwicklungsprojekt preislich im unterschwelligen Bereich liegt. Im Rahmen dieser Arbeit wird daher vereinfachend ausschließlich der oberschwellige, europaweite Bereich der öffentlichen Auftragsvergabe betrachtet. Im oberschwelligen Bereich soll der öffentliche Auftraggeber grundsätzlich zwischen dem offenem- und dem nicht-offenem Verfahren wählen,[38] es sei denn Absatz 3 oder 4 des §14 VgV bieten ihm andere Möglichkeiten. Im Rahmen des offenen Verfahrens fordert der öffentliche Auftraggeber eine unbeschränkte Anzahl von Unternehmen zur Abgabe von Angeboten auf. Im nicht-offenen Verfahren wählt der öffentliche Auftraggeber vorher nach objektiven, transparenten und nicht-diskriminierenden Kriterien eine beschränkte Anzahl von Unternehmen zur Angebotsabgabe auf.[39] Bis zu der Reform im Jahr 2016 sollte vorrangig das offene Verfahren gewählt werden. Inzwischen darf vorbehaltlich des Grundsatzes der Wirtschaftlichkeit frei zwischen diesen Verfahren abgewogen werden.[40] Diese Wahlfreiheit wird europaweit durchgesetzt.[41] Der öffentliche Auftraggeber muss somit eine Wirtschaftlichkeits- und Wettbewerbsprüfung durchführen, er ist demnach an dem besten Preis-Leistungsverhältnis interessiert. Weiterhin soll der Fokus auf einen möglichst ausgeprägten Wettbewerb und ein hohes Maß an Transparenz ein weiteres Interesse der öffentlichen Hand abdecken: die Verhütung von Korruption.[42]

Das Verhandlungsverfahren, bei dem sich der öffentliche Auftraggeber zum Zweck der Auftragsverhandlung direkt an ausgewählte Unternehmen wendet, und der 2005 eingeführte wettbewerbliche Dialog, sind bei der Beauftragung agiler Entwicklungsprojekte ebenfalls von Interesse.[43] Im wettbewerblichen Dialog kann der öffentliche Auftraggeber die Mittel zur Befriedigung seines Bedarfs anhand der angebotenen technischen, finanziellen und rechtlichen Lösungen definieren,

---

[38] Vgl. §14 Abs. 2 VgV; Wietersheim 2016.
[39] Vgl. §119 Abs. 3 & 4 GWB.
[40] Vgl. o.V. 2015a, S. 3.
[41] Vgl. Art. 26 Abs. 2 2014/24/EU.
[42] Vgl. Ley und Wankmüller 2016, S. 291.
[43] Vgl. §119 Abs. 5 & 6 GWB; Pils 2012, S. 39f.

sollte dies ohne entsprechende Angebote nicht möglich sein.[44] Er bietet somit noch mehr Freiheiten als das Verhandlungsverfahren.

Weiterhin zeigt sich in der Gesetzgebung der nahen Vergangenheit, dass sich Prinzipien wie Wirtschaftlichkeit, Qualität und Innovation als Argumente bei der öffentlichen Vergabe in Deutschland gegenüber dem Preis als zentrales Kriterium haben durchsetzen können.[45] Vor allem die Innovation als Kriterium für öffentliche Vergabe sollte auch die Methoden der Produktion der zu beschaffenden Güter einschließen. Im Fall der Softwareentwicklung möglicherweise auch Scrum als innovatives Vorgehensmodell der Produktion von Software. Spätestens seit der deutschen Oberschwellen-Vergaberechtsreform im Jahr 2016, deren Inhalt in ähnlicher Form durch die EU Richtlinie 2014/24/EU europaweit umgesetzt wird, ist dies durch die Wahl der Innovationspartnerschaft im Rahmen der Auftragserteilung kein vergabefremder Aspekt mehr.[46] Diese Partnerschaft soll dem öffentlichen Auftraggeber bei Beauftragung von konzeptionellen oder innovativen Lösungen offen stehen.[47] Öffentlichen Auftraggebern soll hierdurch erleichtert werden Innovationen zu fördern. Innovation ist eine treibende Kraft des Wirtschaftswachstums, welchen der Staat durch die Vergabe öffentlicher Auftraggeber zu fördern hat.[48] Man kann die Förderung von Innovationen zur Begünstigung des Wirtschaftswachstums demnach als ein Ziel des öffentlichen Auftraggebers betrachten. Eigens dafür wurde die Innovationspartnerschaft als Vergabeverfahren in der durch die EU angestoßenen Vergaberechtsreform im Jahr 2016 als neue Möglichkeit der öffentlichen Auftragsvergabe hinzugefügt.

2.3.3 Einflüsse des Preisrechtes auf die Preisbildung

Das Preisrecht gilt als Ergänzung zum Vergaberecht. Zwar haben sich das Anwendungsfeld und das betriebswirtschaftliche Instrumentarium seit Inkrafttreten der Verordnung PR Nr. 30/53 über die Preise bei öffentlichen Aufträgen vor über 60 Jahren gravierend gewandelt, es kam bisher jedoch zu keiner wesentlichen Über-

---

[44] Vgl. Ley und Wankmüller 2016, S. 293.

[45] Vgl. Sack und Sarter 2015, S. 373.

[46] Vgl. §14 Abs. 1 VgV; Ley und Wankmüller 2016, S. 18.

[47] Vgl. §14 Abs. 3 Nr. 2 VgV.

[48] Vgl. Erwägungsgrund 47 2014/24/EU.

arbeitung ebendieser.[49] Sie ist auch ohne vertragliche Würdigung auf alle öffentlichen Aufträge anzuwenden.[50]

Die Anwendung der Preisverordnung gebietet dem öffentlichen Auftraggeber vorwiegend den Vorzug von Marktpreisen, bevor auf Selbstkostenpreise zurückgegriffen wird. Selbstkostenpreise müssen anhand detaillierter Kalkulationsvorschriften ermittelt werden. Weiterhin soll festen Preisen Vorrang vor der Bildung veränderlicher Preise gegeben werden. Der dritte wesentliche Grundsatz der Verordnung ist das Höchstpreisprinzip. Es stellt sicher, dass die gemäß der Verordnung festgelegten Preise von keiner Partei überschritten, jedoch unterschritten werden dürfen.[51] Es ergibt sich die in Abbildung 2 dargestellte Preistreppe.

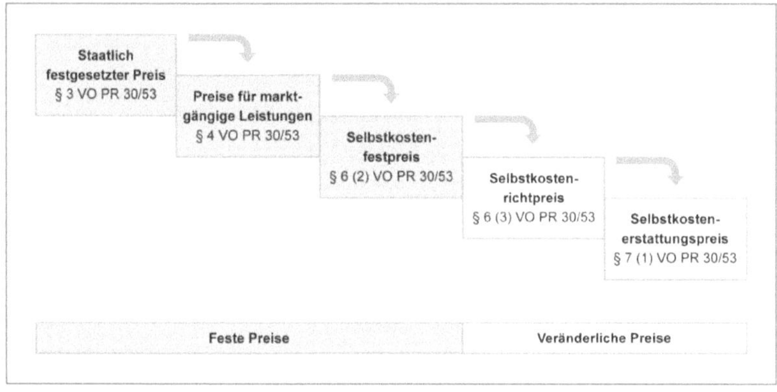

Abbildung 2: Preistreppe VO PR 30/53[52]

Staatlich festgesetzte Preise sind besondere Preisvorschriften, welche gemäß Preisgesetz zur Preisbildung und Preisüberwachung erlassen wurden. Heute fallen darunter nur noch wenige Ausnahmen wie im Bereich der Gebührenordnungen für Ärzte oder Notare; bei öffentlichen Aufträgen kommt ihnen kaum Bedeutung zu.[53] Staatlich festgesetzte Preise sind im Kontext dieser Arbeit daher nicht relevant. Marktpreise, also Preise für marktgängige Leistungen, werden in der Preisverordnung nicht hinreichend definiert. Anwender in der Praxis und Exper-

---

[49]   Vgl. Hoffjan et al. 2013, S. 3ff; Georgi 2015, S. 1f.

[50]   Vgl. Dierkes et al. 2009, S. 192, davon ausgenommen sind Bauaufträge.

[51]   Vgl. §1 VO PR 30/53.

[52]   Eigene Darstellung in Anlehnung an Hoffjan et al. 2013; § 3 bis 7 VO PR 30/53.

[53]   Vgl. Müller 1991, S. 21.

ten bemängeln die Unklarheit über die Voraussetzung von Marktpreisen.[54] Für die Marktgängigkeit eines Preises sprechen jedoch die Herstellung und der Handel der zugrundeliegenden Leistung allgemein im wirtschaftlichen Verkehr und die Verkehrsüblichkeit des Preises.[55]

In Verbindung mit dem Vergaberecht wurde in einem Runderlass zur Preisverordnung darauf hingewiesen, dass durch eine Ausschreibung zustande gekommene Preise als Marktpreis gelten, sofern „[...] der Wettbewerb der Anbieter alle ausreichenden Garantien für ein ordnungsgemäßes Zustandekommen der Preise geboten hat."[56] Durch den Ermessensspielraum bezüglich der genannten Garantien ergibt sich jedoch keine automatische Zuordnung von Marktpreisen zu bestimmten Vergabearten.[57]

Kann kein Marktpreis für einen öffentlichen Auftrag ermittelt werden, sind die nächsten Schritte der Preistreppe die Selbstkostenpreise. Sofern die Kosten für die Leistungserstellung im Vorfeld zuverlässig kalkuliert werden können, tritt der ranghöchste Selbstkostenpreis, der Selbstkostenfestpreis auf. Hierbei wird der Preis auf vorkalkulatorischer Basis vor der Auftragsvergabe ermittelt. Bei individuellen und langfristigen Projekten kann sich eine detaillierte Bestimmung der Kosten als schwierig erweisen, da sie in diesem Fall nicht gut überschaubar sind. Regelmäßig wiederkehrende Leistungen erfüllen dieses Kriterium jedoch.[58] Als Anwendungsbereich der Selbstkostenfestpreise wird demnach vorwiegend die Beschaffung von Sachgütern gesehen.[59]

In der Preistreppe dem Selbstkostenfestpreis folgend ist der Selbstkostenrichtpreis zu wählen. Dieser ist ein vorläufiger Preistyp, da die Überschaubarkeit der Kosten zum Zeitpunkt der Auftragsvergabe noch nicht gegeben ist, im Verlaufe des Projektes jedoch voraussichtlich eintreten soll. Sobald dies geschieht wird vor Projektende mit Hilfe einer Umwandlungskalkulation der Selbstkostenrichtpreis in einen Selbstkostenfestpreis umgewandelt. Sollte im Projektverlauf bekannt werden, dass dies nicht eintritt, wird er in einen Selbstkostenerstattungspreis

---

[54] Vgl. Dörr und Hoffjan 2015, S. 46; Dierkes et al. 2009, S. 196.

[55] Vgl. Nr. 5 a Runderlass Verordnung PR Nr. 30/53 vom 22.12.1953; Georgi 2015, S. 27.

[56] Nr. 5 b Runderlass Verordnung PR Nr. 30/53 vom 22.12.1953.

[57] Vgl. Müller 2011, S. 724.

[58] Vgl. Georgi 2015, S. 29; Glas 2012, S. 91; §6 Abs. 1 VO PR 30/53.

[59] Vgl. Müller 1991, S. 64.

umgewandelt. Der Selbstkostenrichtpreis findet überwiegend bei langfristigen und komplexen Beschaffungen Anwendung.[60]

Als unterste Stufe der Preistreppe findet der Selbstkostenerstattungspreis vorwiegend im Dienstleistungsbereich Anwendung. Hierbei werden dem Auftragnehmer anhand einer Nachkalkulation mindestens die nachweislich angefallenen Kosten erstattet. Diese Kalkulationsart soll nur in Ausnahmefällen herangezogen werden, da sie Anreize zur unnötigen Erhöhung der Kosten durch den Auftragnehmer bietet und sich somit negativ auf die Effizienz auswirkt. Zur Einschränkung dieses Effektes sollen gemäß § 7 Abs. 2 VO PR 30/53 für einzelne Kalkulationsbereiche dieser Kalkulationsart feste Sätze vereinbart werden, sofern es die Verhältnisse des Auftrages ermöglichen.[61]

Zusammenfassend lässt sich sagen, dass das Haushaltsrecht dem öffentlichen Auftraggeber eher allgemein und unspezifisch gehaltene Verhaltensregeln bezüglich der Preise vorgibt. Der öffentliche Auftraggeber soll das Wirtschaftlichkeits- und Sparsamkeitsprinzip befolgen und dabei ein ausgeglichenes Verhältnis von Mitteleinsatz und Zweck einhalten. Das Vergaberecht gibt ihm ebenso allgemein gehaltene Vorschriften an die Hand. Durch einen möglichst ausgeprägten Wettbewerb sollen, wie bereits in Kapitel 2.3.2 dargestellt, Marktmechanismen greifen und somit ein optimales Preis- Leistungsverhältnis entstehen. Außerdem ist der öffentliche Auftraggeber durch das Vergaberecht dazu angehalten, Innovationen und somit Wettbewerbsfähigkeit und Wirtschaftswachstum zu fördern. Die Preisverordnung wird in ihren Vorschriften bezüglich des Preises, wie der Name bereits vermuten lässt, konkreter. Durch den Vorrang von Marktpreisen sollen sich in der öffentlichen Auftragsvergabe wettbewerbliche Grundsätze durchsetzen.[62] Der Vorrang von festen Preisen gegenüber veränderlichen Preisen soll Preisstabilität gewährleisten und Leistungsanreize für Auftragnehmer setzen.[63]

---

[60] Vgl. Georgi 2015, S. 30; Müller 1991, S. 67; Glas 2012, S. 91.

[61] Vgl. § 7 VO PR 30/53; Georgi 2015, S. 31; Dierkes et al. 2009, S. 225f.

[62] Vgl. Pauka und Chrobot 2011, S. 408.

[63] Vgl. Dierkes et al. 2009, S. 197; Georgi 2015, S. 24.

3 Möglichkeiten der Preisgestaltung agiler Entwicklungsprojekte

Mit der unaufhaltsamen Digitalisierung vieler Lebensbereiche entsteht ein wachsender Bedarf an Software. Durch eine komplexer werdende Welt steigen auch die Anforderungen und die Komplexität von Software. Dass diese bei großen Entwicklungsprojekten nicht mehr ex ante in einem Plan erfasst werden können, wurde in Kapitel 2.2 dargestellt. Um der eingangs gestellten Frage nachzukommen, welche Arten der Preisgestaltung grundsätzlich möglich sind und welche Einflüsse diese auf das Vorgehensmodell der agilen Entwicklung haben, sollen im Folgenden die Möglichkeiten der Preisgestaltung erörtert werden. Des Weiteren werden die vertraglichen und kalkulatorischen Besonderheiten beziehungsweise deren generelle Vor- und Nachteile für Auftraggeber und -nehmer betrachtet. Hierzu erfolgt ein Blick auf die allgemeine Durchführung der Preiskalkulation der jeweiligen Vertragsart und auf besondere Einflüsse auf für die Kalkulation relevante Faktoren.

3.1 Schätzmethoden agiler Entwicklungsprojekte

Die Grundlage der Preiskalkulation für ein agiles Entwicklungsprojekt ist die entsprechende Aufwandsschätzung. In klassischen, plangetriebenen Projekten geschieht dies über Stundenschätzungen für die zu erledigenden Arbeitspakete. In agilen Projekten wird zwar die Annahme zugrunde gelegt, dass der Mensch einen größeren Zeitraum als vier Wochen, was dem Maximum einer Iteration entspricht, schlecht überblicken kann und daher nur in kürzeren Zeitabschnitten detailliert geplant wird. Das bedeutet jedoch nicht, dass es für solche Projekte keine gute Planung und entsprechende Schätzmethoden geben kann.

Hierfür werden die in Kapitel 2.2.2 beschriebenen Story Points, Iterationen und die Entwicklungsteams benötigt. Die Entwicklungsgeschwindigkeit eines Teams bemisst sich anhand der Story Points je Iteration. Schätzungen über die zukünftige Entwicklungsgeschwindigkeit können dabei einfach über den Durchschnitt der vergangenen Iterationen getroffen werden. Klassische Aufwandsschätzungen in Form von Stunden vermischen die beiden Größen der Entwicklungsgeschwindigkeit eines Teams mit der Größe der Anforderung. Über die Story Points können diese Größen getrennt voneinander betrachtet werden. Aufgrund der genormten Story Point Schätzung anhand von Referenzstorys ergibt sich hierdurch der Vorteil, dass der Einfluss von Verbesserungs- oder Personalmaßnahmen auf die Entwicklungsgeschwindigkeit betrachtet werden kann.[64] Anhand dieser Größen und der Kosten eines Teams, können Schätzungen beispielsweise über die Kosten einer Iteration des Teams, Kosten eines Story Point des jeweiligen Teams oder ganz einfach über die Kosten der Entwicklung eines in Story Points abgeschätzten Entwicklungsprojektes getätigt werden.

Diese einfach gehaltene Schätzmethode für den Aufwand einer Entwicklung nimmt somit auch Komplexität aus der Kalkulation eines Preises. Trotzdem gibt es weitere Faktoren welche im Rahmen der Preiskalkulation, neben der Wahl der Vergütungsart, berücksichtigt werden sollten.

3.2 Vertragstypologische Einordnung

Die vertragstypologische Einordnung eines Vertrages in Werk- oder Dienstvertrag bestimmt nicht nur ob und welche Gewährleistungsregelungen, ein nicht unwesentlicher Faktor für Preiskalkulationen, zur Anwendung kommen. Es führt beispielsweise auch zur Unwirksamkeit von Vertragsklauseln, wenn diese wesentlich vom Grundgedanken des jeweiligen Vertragstypen abweichen.[65] Kommt ein Werkvertrag zustande, schuldet der Auftragnehmer dem Auftraggeber grundsätzlich die Erstellung eines Werkes, also die Herbeiführung des definierten Projekterfolges. Im Falle eines Dienstvertrages hingegen wird der Dienst, also eine Tätigkeit welche zwar zum Projekterfolg führen soll, nicht aber der Projekterfolg selbst, geschuldet. Er hat diese Tätigkeit jedoch sorgfältig und gewissenhaft auszuführen.[66] Die Unterscheidung der Vertragstypen lässt sich vorwiegend anhand der in Abbildung 3 dargestellten Merkmale festmachen.

---

[64]   Vgl. Pieper und Roock 2017, S. 81ff.
[65]   Vgl. Fuchs et al. 2012, S. 428.
[66]   Vgl. Book et al. 2017, S. 200; Lapp 2010, S. 70.

Merkmal	Werkvertrag	Dienstvertrag
Was wird geschuldet?	Projekterfolg	Tätigkeit
Erfolgt eine Abnahme?	Ja	Nein
Art der Vergütung	erfolgsbezogen	tätigkeitsbezogen
Fälligkeit der Vergütung	Abnahme	Leistungserbringung
Ausrichtung an Partei	eher auftraggeberfreundlich	eher auftragnehmerfreundlich
Gefahrenübergang	mit erfolgreicher Abnahme	N/A
Häufigste Vergütungsart	Festpreis	Aufwandspreis

Abbildung 3: Merkmale von Werk- und Dienstverträgen[67]

Warum jedoch eine Zuordnung der verschiedenen Vertragstypen schwierig ist, wird anhand des in Kapitel 3.3.4 dargestellten agilen Festpreises deutlich. Hier zeigt sich, dass die Vertragswelt in der Beauftragung einer agilen Softwareentwicklung nicht nur aus Festpreis oder Aufwandspreis besteht, sondern viele verschiedene Ausprägungen hat. Da die vertragstypologische Einordnung jedoch die Rechte und Pflichten der Parteien beeinflusst und damit eventuell Verhandlungsrelevant ist, sollte diese auch entsprechend früh festgelegt werden.[68]

3.3 Mögliche Vergütungsarten agiler Entwicklungsprojekte

3.3.1 Regulärer Festpreis

Der klassische Auftrag für ein Softwareentwicklungsprojekt wird in der Regel über einen Werkvertrag mit Festpreis vergeben. Der Auftraggeber hat bei einem regulären Festpreisprojekt eine langwierige Planungsphase um ein detailliertes Lastenheft zu erstellen, aus welchem das Pflichtenheft hervorgeht. Diese Vorabinvestition und alle Risiken während dieser Planungsphase trägt der Auftraggeber, alle Risiken während der Umsetzungsphase der Auftragnehmer.[69] Insbesondere wegen des geringen Risikos für den Auftraggeber während der Umsetzung, abgesehen von einem Ausfall des Auftragnehmers, scheint diese Art der Vertragsge-

---

[67] Eigene Darstellung in Anlehnung an Müller 2016, S. 216.

[68] Vgl. Pieper und Roock 2017, S. 63.

[69] Vgl. Witte 2010, S. 45f.

staltung für diesen vorteilhaft. Für den Auftragnehmer hingegen hängt der Projekterfolg vor allem an der Güte der entsprechenden Aufwandsschätzung.[70] Somit hat der Auftraggeber Budgetsicherheit, da ihm der exakte Preis von Beginn an bekannt ist. Der Auftragnehmer hingegen erhält bei Kosteneinsparungen die Chance auf einen höheren Gewinn. Sollte während des Projektverlaufes jedoch bekannt werden, dass der Aufwand des Projektes zu Lasten des Auftragnehmers zu ungenau geschätzt wurde, so muss der Auftraggeber Einsparungen in der Qualität der Software befürchten.[71]

Der reguläre Festpreis bietet eine günstige und risikoarme Alternative, wenn bereits ein detailliertes Pflichtenheft besteht. Dennoch gehen einige Vorteile der agilen Entwicklung damit verloren. Auch wenn der Auftragnehmer grundsätzlich agile Methoden in der Entwicklung einsetzt und nur der Funktionsumfang über den Projektverlauf fix bleibt. Aufgrund der plangetriebenen Entwicklung sind Anpassungswünsche des Auftraggebers nur noch mit erhöhtem Mehraufwand möglich. Die Dauer, bis der Kunde das erste Mal sein Produkt nutzt, kann ab Festlegung des Pflichtenheftes über die Ausschreibungsphase, den Projektverlauf bis hin zur Abnahme der fertigen Software sehr lang sein, sodass sich das Produkt möglicherweise nicht mehr mit der Arbeitsweise und den Wünschen der Endnutzer deckt. Was in der Planung daher unbedingt berücksichtig werden sollte, ist der in der Praxis regelmäßig vorkommende Change Request.[72] Wie bereits in Kapitel 2.2.1 hervorgehoben sind Änderungen über die Projektlaufzeit in der Softwareentwicklung eher die Regel als Ausnahme.[73]

Es wird schnell deutlich, dass agile Entwicklung und der Festpreis schwer miteinander zu vereinen sind. Der Festpreis fordert strikte Planeinhaltung, der umzusetzende Funktionsumfang ist detailliert im Pflichtenheft definiert. Die agile Entwicklung versucht Planabweichungen im Funktionsumfang als Chance und nicht als Risiko zu sehen.[74] Doch auch wenn bereits ein Festpreisvertrag geschlossen wurde, sollten agile Methoden nicht ausgeschlossen werden. Im Rahmen des Festpreises sorgen sie durch häufige Abstimmung zwischen Auftragnehmer und

---

[70] Vgl. Opelt et al. 2012, S. 44f; Kremer 2010, S. 285f.

[71] Vgl. Oestereich 2006, S. 29.

[72] Vgl. Book et al. 2017, S. 203; Hengstler und Arndt 2012, S. 115.

[73] Vgl. Hoda und Murugesan 2016, S. 249.

[74] Vgl. Ernst 2017, S. 288; Witte 2010, S. 47.

Auftraggeber für die Sicherheit, dass die gewünschte Software entwickelt wird, Missverständnisse innerhalb der Regeltermine fortwährend ausgeräumt werden können und der Auftragnehmer zeitnah eine Aussage über die Validität seiner Schätzungen treffen kann.[75]

Die Preisfindung im regulären Festpreisprojekt findet über die Aufwandsschätzung des Auftragnehmers zu dem entsprechenden Funktionsumfang und eine Vorkalkulation statt. Neben den Kosten sind der Funktionsumfang und die Zeit die beiden wichtigsten Steuerungsgrößen. Für einen erweiterten Funktionsumfang werden mehr Kosten beziehungsweise mehr Zeit benötigt. Sollen Kosten eingespart werden, muss beispielsweise der Funktionsumfang verringert werden. In regulären Projekten wird zudem die Qualität regelmäßig als Steuerungsgröße betrachtet. In der Softwareentwicklung kann jedoch angenommen werden, dass eine geringere Qualität der Software die Entwicklung langsamer macht und somit Mehrkosten verursacht. Die Einsparung von Kosten durch eine Qualitätsreduktion ist in der Softwareentwicklung also kein gangbarer Weg.[76]

Auch die regelmäßig auftretenden Change Requests sollten kalkulatorisch berücksichtigt werden. So hat der Auftragnehmer die Möglichkeit, das originäre Festpreisprojekt zu einem günstigen Einstiegspreis mit geringer Marge zu verkaufen, um diese bei späteren Change Requests wieder hereinzuholen. Auch der Projektmanager des Auftraggebers sollte diesen Faktor in der Budgetierung seines Projektes nicht vergessen. Es ist jedoch schwer zu ermitteln, an welchen Stellen diese auftreten werden, ansonsten wären sie bereits im Pflichtenheft berücksichtigt worden.[77] Doch je größer der Zeitraum zwischen Erstellung des Pflichtenheftes und erfolgreicher Abnahme der Software voraussichtlich ist, desto höher ist das Risiko, dass sich Anforderungen des Kunden ändern und desto höher sollte das entsprechende Budget für eventuelle Change Requests ausfallen.

---

75 Vgl. Pieper und Roock 2017, S. 105.
76 Vgl. Pieper und Roock 2017, S. 97ff.
77 Vgl. Book et al. 2017, S. 202f.

3.3.2 Aufwandspreis

Vielen Problemen des Festpreises kann mit der Abrechnung nach Aufwand, also die vom Auftragnehmer investierte Zeit und Material, begegnet werden. Hier ist weder der Gesamtpreis der Entwicklung, noch der Funktionsumfang festgelegt. Nicht einmal der Zeitrahmen muss fest definiert sein.[78] Für den Auftragnehmer stellt dieses Vergütungsmodell eine relativ simple Alternative dar, in welcher er bis auf eine schwer durchzuführende Kosten / Nutzen Abschätzung praktisch kein Risiko trägt, solange ihm keine einschränkenden Regeln auferlegt sind.[79] Der Auftraggeber hingegen muss jedoch hinnehmen, dass ihm zu Projektstart die Kosten des Projektes unbekannt sind. Vorwiegend für den Auftraggeber, aber auch für den Auftragnehmer, hat dieses Modell den Vorteil, dass der Funktionsumfang noch nicht spezifiziert werden muss.[80] Beide Parteien sparen sich so unnötigen Aufwand. In diesem Punkt ist das Vertragsmodell besser mit agilen Methoden zu vereinbaren als der Festpreis.

Um dem Risiko des Auftraggebers eines übermäßigen Preisanstieges entgegenzutreten, kann der Aufwandspreis mit einer Preisobergrenze versehen werden. Auch dem Auftragnehmer nimmt dies die Unsicherheit der schwer abzuschätzenden Einflüsse auf die Ressourcenplanung. Der Aufwandspreis mit Preisobergrenze kann demnach auch als Modifikation des Festpreises gesehen werden, bei welcher der Auftragnehmer die Chance verliert, durch Effizienz oder Einsparungen einen höheren Gewinn zu erzielen. Er trägt somit wirtschaftliche Risiken in Form von nicht vergüteten Mehraufwänden, wenn das Projekt diese über die Preisobergrenze hinaus nötig werden lässt, ohne adäquate Chancen zu erhalten, welche dieses Risiko rechtfertigen würden.[81]

Ob Aufwandspreis mit oder ohne Preisobergrenze, diese Preisform setzt dem Auftragnehmer nicht den Anreiz, auf eine möglichst gute, den Wünschen der Anwender entgegenkommende Software hinzuarbeiten. Er wird eher dahingehend moti-

---

78 Vgl. Müller 2016, S. 215f.
79 Vgl. Witte 2010, S. 47.
80 Vgl. Opelt et al. 2012, S. 218.
81 Vgl. Oestereich 2006, S. 30.

viert, so viel Stundenaufwand zu produzieren, wie es für seine Ressourcenplanung und Auftragslage optimal ist.[82]

Für den Aufwandspreis kalkuliert der Auftragnehmer einen bestimmten Stunden- oder Tagessatz. Hierbei kann er von einer fixen Gewinnspanne ausgehen. Diese unterliegt generell keiner Schwankung, da jede angefallene Zeiteinheit mit diesem festen Vergütungssatz honoriert wird.[83] Lediglich wenn eine Preisobergrenze vereinbart wurde, kann sich der Gewinnanteil des Projektes wesentlich ändern, falls darüber hinausgehender Stundenaufwand anfällt.

Zwar muss im Rahmen der Kalkulation kein Gewährleistungszuschlag berücksichtigt werden, da ein Projekterfolg und damit die abnahmefähige Software nicht geschuldet wird, jedoch muss eventuell ein erhöhter Risikozuschlag berechnet werden. Besonders im Falle der Preisobergrenze sollte das Risiko von nicht vergüteten Leistungen einkalkuliert werden. Ebenso die Möglichkeit wesentlich geringerer Kontingentabrufe des Auftraggebers als ursprünglich angenommen und damit eventuell einhergehende, nicht genutzte Kapazität sollte hier Berücksichtigung finden.

3.3.3 Nutzenabhängige Abrechnung

Eine mögliche Form der Verträge mit nutzenabhängiger Abrechnung ist das sogenannte „Pay per Use". Hierbei soll die Nutzungshäufigkeit bestimmter Funktionen durch den Endnutzer vergütet werden.[84] Der Auftragnehmer ist somit motiviert, eine Software bestehend aus möglichst wertvollen und einfach zu nutzenden Funktionen zu entwickeln. Dies hat den Vorteil höherer Erträge für den Auftragnehmer bei oft genutzten Funktionen. Der Auftraggeber profitiert in diesem Fall von einer nutzerfreundlichen, für die Anwender wertvollen Software.

Diese Vertragsart birgt ein hohes Risiko für den Auftragnehmer, da neben seinen Kosten auch sein Ertrag variabel ist. Bei geringem Nutzen kann dieser entsprechend gering ausfallen. Daher sind Mischformen dieses Preistypen, beispielsweise mit dem Aufwandspreis, üblich. Der Auftragnehmer erhält für den entstandenen Aufwand eine kostendeckende Vergütung, einen weiteren Anteil seiner Vergütung

---

[82] Vgl. Müller 2016, S. 215f.

[83] Vgl. Book et al. 2017, S. 203f.

[84] Vgl. Pieper und Roock 2017, S. 136.

erhält er nutzenabhängig. Die Marge des Projektes erzielt er also ausschließlich über den Kundennutzen.[85]

Generell sind bei nutzenabhängigen Preisen sowohl Funktionsumfang, Aufwand als auch der Zeitrahmen flexibel. Für diese Art der Vertragsgestaltung ist ein Umdenken betreffend der Kalkulation notwendig. Es sollte sich von einer herkömmlichen Projektkalkulation abgewendet werden, stattdessen sollten die Funktionen im Einzelnen betrachtet werden. Dabei sind beispielsweise Schätzungen über die voraussichtliche Häufigkeit der Nutzung einer Funktion gefragt, um Kosten / Nutzen Betrachtungen jeder Funktion durchzuführen zu können. Eine Verdichtung der Analysen je Funktion kann wiederum zu einer Gegenüberstellung der voraussichtlichen Projektaufwände und Erträge führen.

Die schwer zu prognostizierende Ertragsseite führt jedoch zu erhöhtem Risiko. Mit einer festen Vergütung je Nutzungseinheit würde der Auftragnehmer sowohl das Risiko einer teureren Entwicklung bei zu Projektbeginn ungenauen Aufwandsschätzungen tragen, als auch das Risiko geringerer Erträge bei zu geringem Kundennutzen der Software.[86]

3.3.4 Agiler Festpreis

Im Rahmen des agilen Festpreises wird wie im regulären Festpreis ein verbindlicher Gesamtpreis für das Entwicklungsprojekt festgelegt. Der zu liefernde Funktionsumfang ist allerdings variabel. Zwar wird diesem ein Wert zugewiesen, beispielsweise bemessen in einer bestimmten Anzahl von Story Points, die enthaltenen Anforderungen sind jedoch variabel und können mit wachsendem Kenntnisstand über die zu entwickelnde Software beider Parteien über den Projektverlauf geändert werden.[87] In Abgrenzung zum regulären Festpreis ist also nicht der Funktionsumfang fix und Kosten und Termin variabel. Der Funktionsumfang stellt hier die Variable dar und sowohl Kosten als auch Termine bilden die Fixpunkte des Vertrages.[88] Es wird schnell ersichtlich, dass diese Art der Preisgestaltung

---

[85] Vgl. Pieper und Roock 2017, S. 132.

[86] Vgl. Book et al. 2017, S. 206.

[87] Vgl. Oestereich 2006, S. 31; Söbbing 2014, S. 218.

[88] Vgl. Opelt et al. 2012, S. 43; Die Kosten sind bei Betrachtung dieser in Form von Story Points fix. Bei variierender Entwicklungsgeschwindigkeit werden die tatsächlichen Kosten natürlich ebenfalls variieren.

stark mit agilen Entwicklungsmethoden harmonisiert, da kein detailliertes Pflichtenheft nötig ist und Änderungen am Funktionsumfang begrüßt werden.

Eine Detailspezifikation des Funktionsumfanges findet schließlich erst vor einer Iteration im Sprint Planning für die in dieser Iteration zu entwickelnden Storys statt. Dieser Aufwand wird also über die Projektlaufzeit verteilt um den Wissensverfall zu verringern, das über den Verlauf der bisherigen Entwicklung gesammelte Wissen in der Planung und Spezifikation zu nutzen und flexibler auf neue Anforderungen zu reagieren. Nicht zuletzt baut diese Vertragsform bei der durchgehenden, gemeinsamen Erarbeitung der zu entwickelnden Software stark auf Kooperation und steigert so die Motivation beider Parteien, ein erfolgreiches Projekt abzuwickeln.[89]

Klassische Festpreisverträge sind wie beschrieben eher statisch, eine Abbildung der Dynamik eines zeitraumbezogenen Wandels des Vertragsinhaltes ist eine neue Herausforderung, die auf beide Vertragsparteien zukommt. Da das Elementare des Vertrages, also was geliefert werden soll, zu Beginn nicht genau feststeht, liegt in der Vertragsgestaltung umso mehr der Fokus auf der Festlegung der Rollen und Verantwortlichkeiten. Zudem sollte auch die agile Methode, welche im Rahmen der Entwicklung angewandt wird, beschrieben werden, um auf beiden Seiten ein besseres Verständnis für das Vorgehen zu schaffen.[90]

Eine herausfordernde Aufgabe bei der Vertragsgestaltung eines agilen Festpreises ist die Feststellung einer Schlecht- oder Nichterfüllung ebendieses Vertrages. Der Vergleich eines Ist-Zustandes mit einem vorher definierten Soll-Zustand ist hier nur schwer möglich. Daher sollten im Vertrag von beiden Seiten messbare Qualitätskriterien festgelegt und laufend gemeinsam überwacht werden. Auch entsprechende Konsequenzen für den Fall nicht erreichter Qualitätskriterien sollten festgelegt werden.[91]

Richtig ausgestaltet hat diese Vertragsart, verbunden mit einer agilen Entwicklungsmethode, kaum Nachteile. Da Änderungen am Funktionsumfang immer in beiderseitigem Einverständnis geschehen müssen, führt es im schlimmsten Fall

---

[89] Vgl. Sury 2010, S. 213f; Opelt 2014, S. 2.
[90] Vgl. Söbbing 2014, S. 215ff; Schneider 2010, S. 23.
[91] Vgl. Sury 2010, S. 214.

zu einem regulären Festpreis, wenn sich die Parteien nicht auf Änderungen einigen können.[92]

Um ein Projekt in einem agilen Festpreis bemessen zu können, soll wie beschrieben kein Pflichtenheft nötig sein, es soll lediglich der gewünschte Kundennutzen in Form der in Kapitel 2.2.2 eingeführten Storys beschrieben und in Story Points bemessen werden. Beispielsweise über ein erstes Sprint-Planning kann ein Team abschätzen, wie viele Story Points es in einer Iteration umsetzen kann.[93] Oder es wird auf Erfahrungswerte zurückgegriffen. So kann, wie in Abbildung 4 dargestellt, über das Verhältnis der benötigten Manntage je Story Point eine Aufwandsschätzung für das Projekt getätigt werden. Anhand der Herstellungskosten eines Manntages können die Herstellungskosten eines Projektes geschätzt werden.

Abbildung 4: Aufwands- und Preisschätzung eines agilen Projektes[94]

Da die Story Points der Storys relativ zueinander, anhand von Referenzstorys, bemessen werden, ergibt sich eine Erwartungskonformität in dieser Messmetrik.

3.3.5 Sonderformen des agilen Festpreises

Ist der Auftraggeber sich jedoch auch mit dem Projektumfang nicht sicher, beziehungsweise möchte diesen ebenfalls variabel halten, sind weitere Varianten des agilen Festpreises möglich. So kann auch ein Festpreis je Iteration vereinbart werden. Der Auftraggeber erhält somit die Möglichkeit, keine weitere Iteration zu beauftragen, wenn ihm weitere Storys keinen dem Preis entsprechenden Mehrwert bringen. Vertraglich scheint dieses Modell jedoch dem Aufwandspreis sehr

---

[92] Vgl. Oestereich 2006, S. 31.

[93] Vgl. Maximini 2013, S. 182f.

[94] Eigene Darstellung.

nahe zu kommen, da auch hier keine expliziten Zusagen zu dem erzielten Umfang gegeben werden. Grundsätzlich geht das zu tragende Projektrisiko also sehr zu Lasten des Auftraggebers, da er weder Planungssicherheit über den Preis, noch über den Funktionsumfang hat. Jedoch bietet die zeitliche Abgrenzung in Form von Iterationen die Möglichkeit einer engmaschigen Erfolgskontrolle. Der Festpreis je Iteration kann somit als ein auf agile Methoden zugeschnittener Aufwandspreis gesehen werden.[95]

Um eine Motivation zu möglichst hoher Leistung für den Auftragnehmer vertraglich einzubeziehen, kann auch die Produktivität berücksichtigt werden. Eine naheliegende Messung anhand der erbrachten Story Points ist dafür jedoch nicht geeignet, da diese ein rein subjektives Maß des Teams für Komplexität sind. Mehr Objektivität bietet das Constructive Cost Model (COCOMO). Hierbei handelt es sich um ein Schätzverfahren, welches den Entwicklungsaufwand hauptsächlich anhand der Code Zeilen, aber auch anhand von Merkmalen wie der verwendeten Programmiersprachen, der Entwicklungsumgebung und der Leistung vergangener Projekte bestimmt.[96]

Eine weniger unternehmensspezifische Basis bieten hier die sogenannten Function Points deren Bestimmung sogar in einer ISO Norm standardisiert ist. Diese werden durch eine Methode anhand objektiver Kriterien gemessen. Auch wenn die Bestimmung nicht eindeutig ist,[97] können sie ein adäquates Mittel sein um einen Preis je Iteration abhängig von Zielwerten für ebendiese Function Points variabel zu gestalten und so einen Anreiz für mehr Leistung zu setzen.[98]

---

[95] Vgl. Müller und Hüsselmann 2017, S. 53f; Book et al. 2017, S. 211f.

[96] Vgl. Nestler 2017, S. 18.

[97] Eine Untersuchung von Tsoi 2005 kommt zu dem Ergebnis, dass Function Point Messungen zu signifikant unterschiedlichen Ergebnissen kommen, wenn sie von unterschiedlichen Personen durchgeführt werden.

[98] Pieper und Roock 2017, S. 118ff.

3.3.6 Weitere Möglichkeiten der agilen Vertragsgestaltung

Die Option des Projektabbruchs

Ein Festpreis je Iteration ist eine Möglichkeit, ein auf agile Entwicklungsmethoden zugeschnittenes Preismodell zu gestalten, in welchem der Auftraggeber die Flexibilität hat keine weitere Iteration zu beauftragen, wenn ihm der Nutzen dieser zu gering wird. Sei es aufgrund zu geringer Produktivität der Entwicklungsteams oder durch eine sich ändernde Umwelt. Entscheidet sich im Beispiel der einheitlichen Steuerverwaltungssoftware auf Bundesebene das Bundesland Bayern im Laufe des Projektes dazu, weiterhin mit einer eigenen Software zu arbeiten, so werden viele bundeslandspezifische Funktionen nicht mehr benötigt. Eine weitere Möglichkeit diese Flexibilität zu schaffen, ist die Option des Projektabbruchs in einen agilen Festpreisvertrag einfließen zu lassen. So ist der Auftragnehmer zu hoher Produktivität motiviert ohne eine weitere Messung und Steuerung über Function Points zu implementieren, da er ohnehin einen gewissen Projektumfang in Form einer Anzahl von Story Points versprochen hat. Weiterhin wird er hier zusätzlich zu hoher Produktivität beziehungsweise guter Leistung motiviert, da er in der Regel einen frühzeitigen Projektabbruch durch einen unzufriedenen Auftraggeber verhindern möchte.

Opelt et al. (2012) empfehlen, dass im Sinne der gesteigerten Kooperation agilen Vorgehens die Option des Projektabbruches für beide Parteien bestehen sollte. Für den Auftragnehmer würde sie beispielsweise bei der Aussicht auf andere Projekte mit höherem Deckungsbeitrag in Frage kommen. Jedoch wird er sich in den seltensten Fällen zu diesem Vorgehen entscheiden, da gewichtige Gründe dagegen sprechen. So wird er die langfristige Kundenzufriedenheit und damit weitere Aufträge gefährden und bei Bekanntwerden einen Reputationsschaden erleiden, auch bei anderen potenziellen Kunden.[99]

Baumeister und Ilg (2014) schlagen vor, den Preis einer solchen Projektabbruchoption über den Realoptionsansatz zu berechnen. Durch einen risikofreien Zinssatz werden die Kosten des Projektes diskontiert, um den Kostenbarwert zu erhalten. Über das Binominalmodell werden der Nutzenbarwert und der Nettonutzen ermittelt. Die Differenz aus Kosten- und Nutzenbarwert stellt den Projektkapitalwert dar, die Differenz aus diesem und dem Nettonutzen stellt wiederum den

---

[99] Vgl. Opelt et al. 2012, S. 55ff.

Wert der Option dar. Wie allerdings der Nutzen einer Iteration, beziehungsweise dessen für das Binominalmodell benötigte Varianz verlässlich bestimmt werden kann, bleibt offen.[100] Aufgrund dieser Unwägbarkeiten wird diese Form der Berechnung in der Praxis nur schwer anwendbar sein.

Der Risk-Share Ansatz

Im Rahmen eines agilen Festpreises kann als zusätzliche Variable der sogenannte Risk-Share eingeführt werden. Dieser Parameter beschreibt die Verteilung des Risikos auf die Vertragsparteien, wenn der Festpreis nicht innerhalb des vereinbarten Funktionsumfanges gehalten werden kann. Wenn beispielsweise bei der Spezifikation einer Story festgestellt wird, dass deren Komplexität unterschätzt wurde, diese aber im Funktionsumfang enthalten bleiben soll, entsteht Mehraufwand für den Lieferanten. Im Sinne der erhöhten Kooperation bei agilem Vorgehen kann hierdurch ein gemeinsames Interesse bei der gemeinsamen Beschreibung der Storys gefördert werden. Entsteht eine oben beschriebene Situation, wurde jedoch kein Risk-Share vereinbart, kann außerdem auf Seite des Auftragnehmers die Motivation hervorgerufen werden, den entstandenen Schaden durch Maßnahmen wie Einsparungen in der Qualität auszugleichen. Ein Risk-Share kann dem zumindest teilweise entgegenkommen.[101]

Nehmen wir an für ein Projekt soll ein Risk-Share von jeweils 50% für beide Vertragsparteien festgelegt werden. Das entsprechende Projekt hat einen Gesamtpreis von 1 Mio. € mit einem Funktionsumfang von 200 Story Points. Wird ein inhaltlich von dem Risk-Share abgedeckter Mehraufwand von 10 Story Points identifiziert, so entspricht dieser anteilig einem Preis von 50.000 €. Der Risk-Share von jeweils 50% besagt nun, dass beide Parteien ebendiesen Anteil daran tragen, der Auftraggeber demzufolge weitere 25.000 € an den Auftragnehmer zahlt und dieser den entstandenen Mehraufwand dafür umsetzt.

3.3.7 Würdigung der Preistypen

Zusammenfassend lässt sich sagen, dass der agile Festpreis ein agiles Vorgehensmodell der Entwicklung am besten wiederspiegelt. Dieser Preistyp engt die Prozesse und Vorteile solcher Vorgehensmodelle nicht ein, wie es der reguläre Fest-

---

100 Vgl. Baumeister und Ilg 2014, S. 104ff.
101 Vgl. Opelt 2014, S. 7f; Gruhn 2014, S. 4f.

preis bei der Planung und Änderungen an dem Funktionsumfang tut. Im Gegensatz zu dem Aufwandspreis setzt er außerdem Anreize zu einer hohen Leistung der Entwicklungsteams und fördert nicht die Verursachung unnötigen Aufwands. Die nutzenabhängige Abrechnung verschiebt die Verantwortung für die Ausgestaltung der Software sehr in Richtung des Auftragnehmers. Sie impliziert den Wunsch des Auftraggebers, dass der Lieferant ein Konzept für eine möglichst anwenderfreundliche Software zu erarbeiten hat, was demnach nicht in Kooperation passiert. Agile Methoden gehen im Widerspruch hierzu jedoch davon aus, dass die enge Kooperation zwischen Auftraggeber und -nehmer einer der bereits in Kapitel 2.2.3 beschriebenen wesentlichen Vorteile ebendieser Methoden ist. Nichtsdestoweniger gibt es Situationen, in welchen die anderen Preistypen die bessere Wahl darstellen können.

Sollte es beispielsweise sinnvoll sein, bereits zu Beginn des Vorhabens ein Pflichtenheft zu erstellen, in welchem die zu entwickelnde Software bereits detailliert spezifiziert ist, so kann trotz agilen Vorgehens der reguläre Festpreis die beste Alternative sein.[102] Das ist bei wenig komplexen Projekten denkbar, in welchen es nur um kleine Anwendungen geht oder bei der Vergabe einzelner Funktionen einer größeren Softwareplattform. Also in Fällen, in denen keine Änderungen an dem Funktionsumfang durch eine sich ändernde Umwelt oder einen besseren Kenntnisstand der Vertragsparteien über die Software zu erwarten sind. Da weniger komplexe Kleinprojekte jedoch einem weitaus geringeren Risiko eines Misserfolges unterliegen,[103] wird hier nicht der primäre Bedarf agiler Vorgehensmodelle gesehen.

Die nutzenabhängige Abrechnung kann sinnvoll in Verbindung mit dem Konzept des Software as a Service (SaaS) sein. Hierbei obliegen die Unterhaltung und die Wartung der Software auch nach der eigentlichen Abnahme weiterhin dem Auftragnehmer. Diese Variante kann also als ein Produkt in Verbindung mit einem Service gesehen werden.[104] Über die nutzenabhängige Abrechnung lässt sich der Auftragnehmer dazu motivieren, auch nach Abnahme des Produktes, welches er jedoch weiterhin betreibt, Funktionen der Software weiterzuentwickeln, wenn

---

[102] Vgl. Ahimbisibwe et al. 2017, S. 420.

[103] Vgl. Orłowski et al. 2017, S. 526.

[104] Vgl. Dutt et al. 2017, S. 1ff.

dieser sich eine wesentliche Mehrnutzung der Software erhofft.[105] Es kann jedoch auch im Rahmen des SaaS Konzeptes eine Software nach Abnahme eines agilen Festpreisprojektes weiterhin durch den Auftragnehmer betrieben und somit während der Projektlaufzeit durch den agilen Festpreis die enge Zusammenarbeit zwischen Auftraggeber und -nehmer gefördert werden.

Der Aufwandspreis lässt dem Auftraggeber zwar die größtmögliche Freiheit seine Vorgehensmodelle in der Entwicklung selbst zu gestalten, bietet aber keine Anreize sich zu verbessern. Der Preis je Iteration kann jedoch auch als eine Variante des Aufwandspreises gesehen werden, da grundsätzlich der gesamte entstandene Aufwand je Iteration unabhängig von der erbrachten Leistung vergütet wird. Zusätzlich werden agile Vorgehensweisen, wie die Abgrenzung der Iterationen, besser berücksichtigt. Führt man hierbei die in Kapitel 3.3.3 dargestellte Messung der Leistung in Form der Function Points ein, kann dieses Preismodell sowohl optimal mit agilen Vorgehensmodellen harmonieren, als auch Anreize zur Leistungssteigerung setzen. Gleiches kann man aber mit dem agilen Festpreis in Verbindung mit der Option des Projektabbruches erreichen, hierbei ist die zusätzliche Messung der Function Points jedoch nicht nötig. Von Vorteil ist der Festpreis je Iteration mit der Leistungsmessung, wenn die Planungsphase des Projektes noch kürzer gestaltet und im Rahmen dieser noch keine Vision des Produktes und Storys für alle Funktionen beschrieben werden sollen.

Aus der erbrachten Beantwortung der eingangs gestellten Frage, welche Einflüsse die jeweiligen Arten der Preisgestaltung auf das Vorgehensmodell der agilen Entwicklung haben, lässt sich folgendes schließen: Der agile Festpreis erscheint generell als das Preismodell, welches agile Werte und Leistungsanreize am besten miteinander vereint. Über zusätzliche Regelungen im Rahmen solcher Verträge, wie der Option des Projektabbruchs oder dem Risk-Share Ansatz, kann die gewünschte Kooperation der Vertragsparteien für ein agiles Vorgehen weiter institutionalisiert werden.

Über die hier stattgefundene Betrachtung hinausgehende Vertragsinhalte wie Urheberrechte, Datenschutzbestimmungen oder gegenseitiges Abwerbeverbot sind unabhängig von dem gewählten Vorgehensmodell.[106] Daher wurden diese hier nicht behandelt. Ferner ist der von dem Auftraggeber zu investierende Aufwand

---

[105] Vgl. Tamm et al. 2008, S. 12f.
[106] Vgl. Sury 2010, S. 214.

für die Projektbegleitung nicht mit in die Überlegungen eingegangen. Zwar ist anzunehmen, dass der Auftraggeber eines agilen Festpreises oder eines Aufwandspreises weniger Zeitaufwand mit der durchgängigen Betreuung eines Projektes hat, als der eines regulären Festpreises. Besonders wenn neben der intensiven Planungsphase der Aufwand für die Beauftragung von Change Requests oder die Projektbegleitung, die ohnehin bei Softwareentwicklungsprojekten nötig ist, in die Betrachtung mit einfließen. Doch wissenschaftlich stichhaltige beziehungsweise empirische Daten wurden zu diesem Sachverhalt bisher nicht erhoben.

4 Deckung der Anforderungen öffentlicher Auftraggeber

Um die geschaffenen Erkenntnisse mit den Bedürfnissen öffentlicher Auftraggeber abzugleichen, werden nun die verschiedenen Preistypen unter Berücksichtigung der Anforderungen aus Sicht des Haushaltsrechtes, des Vergaberechtes und des Preisrechtes betrachtet. Hierdurch können diese Preistypen auf Eignung im Rahmen der Vergabe von Softwareentwicklungsprojekten in der Praxis untersucht werden.

4.1 Analyse aus Sicht des Haushaltsrechtes

Wie in Kapitel 2.3.1 herausgestellt wurde, erlegt das Haushaltsrecht dem öffentlichen Auftraggeber allgemein die Beachtung des Wirtschaftlichkeitsprinzips auf. Das hieraus abgeleitete Minimalprinzip schreibt das Erreichen eines gegebenen Ziels unter der Verwendung möglichst geringer Mittel vor. Das Maximalprinzip hingegen möchte mit den zur Verfügung stehenden Mitteln das bestmögliche Ergebnis erreichen. Nun stellt sich die Frage, ob zu Beginn des Vergabeverfahrens eines Softwareentwicklungsprojektes überhaupt schon ein gegebenes Ziel existieren kann. Einer der Grundsätze des agilen Manifestes stellt das Reagieren auf Veränderung vor das Befolgen eines Plans.[107] Als wesentliches Erfolgsmerkmal agiler Methoden soll darauf aufbauend zu Beginn des Vorhabens keine vollständige Festlegung der Leistungsziele stattfinden.[108] Der Erfolg agiler Methoden gegenüber den herkömmlichen plangetriebenen Methoden[109] legt demnach nahe, dass das Minimalprinzip bei der Vergabe solcher Projekte keine Anwendung finden kann. Denn das Minimalprinzip baut auf einem starren Ziel auf und es würde dem Wirtschaftlichkeitsprinzip im Allgemeinen widersprechen, ein weniger erfolgversprechendes Vorgehen zu wählen.

Vielmehr sollte das Maximalprinzip zur Anwendung kommen. Anhand des groben Ziels in Form einer Vision und eventuell bestehender Storys könnte ein Budget erstellt werden, welches die gegebenen Mittel des Auftraggebers darstellt. Darauf aufbauend gilt es anschließend das Projektergebnis, also den Nutzen der zu entwickelnden Software, zu maximieren. Dieses Vorgehen schließt vorerst keine der möglichen Vergütungsarten aus. Mit einem gegebenen Budget kann der öffentli-

---

[107] Vgl. Beck et al. 2001a.

[108] Vgl. Witte 2010, S. 47.

[109] Vgl. Orłowski et al. 2017, S. 525f.

che Auftraggeber auch ein Projekt zu einem Aufwandspreis oder Festpreis je Iteration vergeben. Es entsteht für ihn hierbei jedoch das Risiko, dass sein Budget nicht gehalten wird, wenn der erwartete Projektfortschritt beziehungsweise die Mindestanforderungen an die Software nicht erreicht werden und nach Verbrauchen des Budgets weitere Mittel zur Fertigstellung der Software abgerufen werden müssen. Daraus folgt ein Variieren der eigentlichen Konstante des Maximalprinzips, und zwar der gegebenen Mittel. Somit wäre auch die Anwendung des Maximalprinzips hinfällig.

Wird das Bestreben des Maximalprinzips einer möglichst hohen Konstanz der gegebenen Mittel zugrunde gelegt, eignet sich ein Festpreis naturgemäß am ehesten. In Kapitel 3.3.4 wurde die bessere Eignung des agilen Festpreises in Verbindung mit agilen Methoden gegenüber dem regulären Festpreis bereits ausführlich beschrieben. Zudem gehen aufgrund der sich über den Projektverlauf ändernden Anforderungen des Auftraggebers Festpreisverträge oft mit Change Requests einher.[110] Da diese mit Mehrkosten verbunden sein können, wird hierdurch wiederum ein Risiko auf das Budget und somit auf die gegebenen Mittel im Rahmen des Maximalprinzips ausgeübt. Der agile Festpreis nimmt sich ändernde Anforderungen flexibler auf, da neu entstandene Storys einfach gegen andere getauscht oder die bestehenden anders priorisiert werden können. Die Unterlage für Ausschreibung und Bewertung von IT-Leistungen (UfAB) legt jedoch nahe, dass der Grundsatz der Wirtschaftlichkeit die Vorgabe eines festen Preises bei nicht spezifiziertem Leistungsumfang durch den Auftraggeber nicht zulässt. Es muss eine Vergleichbarkeit der Angebotspreise durch die Rahmenbedingungen und Vorgaben bezüglich der Preisgestaltung sichergestellt sein. Die UfAB soll den Anwendern im Vergabeverfahren die Arbeit erleichtern, indem sie deren Grundsätze darstellt und Beispiele und Hinweise für die Vergabepraxis aufzeigt.[111] Da der Leistungsumfang im agilen Festpreis jedoch nicht eindeutig spezifiziert, sondern lediglich anhand der Vision und der Storys beschrieben ist, verstößt er gegen diese Definition der Wirtschaftlichkeit. Obgleich die UfAB diese Forderung aufstellt damit Leistungsmenge, -umfang und -qualität im Projektverlauf nicht zur Disposition

---

[110] Vgl. Opelt et al. 2012, S. 36.
[111] Vgl. o.V. 2015b, S. 11.

stehen, was sie mit dem agilen Festpreis aufgrund der Bewertung in Story Points nicht tun.[112]

Eine nutzenabhängige Abrechnung wäre weder mit dem Maximal- noch mit dem Minimalprinzip vereinbar, da hier weder die eingesetzten Mittel noch das Ergebnis konstant sind. Somit kann auch weder das Ergebnis in sinnvoller Weise mit diesen Prinzipien vereinbarend maximiert, noch können die eingesetzten Mittel minimiert werden.

4.2 Analyse aus Sicht des Vergaberechtes

4.2.1 Offenes und nicht-offenes Verfahren

Grundsätzlich ist die dem Vergabeverfahren zugrundeliegende Leistungsbeschreibung so eindeutig und erschöpfend wie möglich zu erstellen, um die daraus entstehenden Angebote vergleichen zu können.[113] Darauf aufbauend soll der öffentliche Auftraggeber das entsprechende Projekt, sofern es ihm möglich ist, im offenen oder nicht-offenen Verfahren vergeben.[114] Eine eindeutige und erschöpfende Leistungsbeschreibung, welche in einer Planungsphase vor dem Vergabeverfahren erstellt werden muss, schließt wesentliche Merkmale agiler Entwicklungsmethoden grundsätzlich aus. Es werden also herkömmliche, plangetriebene Entwicklungsmethoden gefordert. Die Leistungsbeschreibung kann statt der Definition von Funktionsanforderungen auch in Form einer Beschreibung der zu lösenden Aufgabe geschehen. Diese muss allerdings ebenfalls hinreichend vergleichbare Angebote erwarten lassen.[115] Agile Methoden im Allgemeinen und auch der agile Festpreis hingegen, fußen auf eine gemeinsame Erarbeitung des zu entwickelnden Umfangs in Form von Storys, aufbauend auf der Vision des Auftraggebers.[116] Mit einer Einschränkung agiler Methoden wäre eine einseitige Beschreibung der zu lösenden Aufgaben durch den Auftraggeber, aus welcher hinreichend vergleichbare Angebote entstehen, denkbar. Agile Methoden bauen jedoch auf verstärkte Kommunikation zwischen Auftraggeber und -nehmer, um Interpretationsspielräume in den Kundenwünschen und daraus eventuell entste-

---

[112] Vgl. o.V. 2015b, S. 295.

[113] Vgl. §121 Abs. 1 GWB.

[114] Vgl. §14 Abs. 2 VgV.

[115] Vgl. §31 Abs. 2 Nr. 1 VgV.

[116] Vgl. Frank 2011, S. 138; Opelt 2014, S. 3f.

hende Missverständnisse auszuräumen.[117] Es würde also auf ein wesentliches Merkmal dieser Methoden verzichtet werden.

Auch die UfAB behandeln iterative Vorgehensmodelle nicht. Sie wurden auf Grundlage sequenzieller, planorientierter Methoden entwickelt.[118] Es wird ersichtlich, dass das offene und nicht-offene Verfahren planorientierten Methoden klar den Vorzug gegenüber agilen Methoden geben. Lässt diese Art der Vergabe agile Methoden nicht zu, wird eine Diskussion über entsprechende Preismodelle obsolet.

4.2.2 Verhandlungsverfahren und wettbewerblicher Dialog

Die Leistungsbeschreibung als Grundlage einer wettbewerblichen Ausschreibung im Rahmen eines offenen und nicht-offenen Verfahrens steht in der Kritik, ein enormer Kostentreiber zu sein.[119] Ist die Erstellung einer erschöpfenden Leistungsbeschreibung jedoch nicht durchführbar, kommen andere Ausschreibungsverfahren in Frage. Das Verhandlungsverfahren und der wettbewerbliche Dialog des VgV harmonisieren durch die Dialogform zwischen Auftraggeber und -nehmer sehr mit der iterativen Vorgehensweise agiler Methoden. Sie sind mit Teilnahmewettbewerb, das Verhandlungsverfahren in Ausnahmefällen auch ohne Teilnahmewettbewerb, möglich. Der Teilnahmewettbewerb darf jedoch nur entfallen, wenn die Leistung beispielsweise lediglich von bestimmten Unternehmen erbracht werden kann oder ein Folgeauftrag vergeben wird, der nur von dem Auftragnehmer des originären Auftrags erfüllt werden kann.[120]

Das Verhandlungsverfahren und der wettbewerbliche Dialog mit Teilnahmewettbewerb sollen Aufträge abdecken, die von ihrer Art und Komplexität und den damit einhergehenden Risiken nicht ohne vorherige Verhandlungen vergeben werden können. Ist der Auftraggeber im Unterschied zu dem Verhandlungsverfahren nicht in der Lage die technischen Mittel anzugeben, mit denen die Ziele erfüllt werden können, wird im wettbewerblichen Dialog vergeben. Hiermit können unter anderem auch hoch komplexe IT-Leistungen gemeint sein.[121] Bei diesem

---

[117] Vgl. Lapp 2010, S. 69.

[118] Vgl. Müller-Hengstenberg 2012, S. 5f.

[119] Vgl. Pils 2012, S. 50.

[120] Vgl. §14 Abs. 3 & 4 VgV.

[121] Vgl. Düsterdiek et al. 2010, S. 170.

Vergabeverfahren ist jedes Element des Auftrages während der Dialogphase verhandelbar. Der öffentliche Auftraggeber verhandelt über die eingereichten Erstangebote und Folgeangebote aller Bieter, um diese inhaltlich zu verbessern. Im Rahmen dieses Verfahrens befinden sich Auftraggeber und -nehmer auch während der Abwicklung noch im Dialog über Bedürfnisse des öffentlichen Auftraggebers.[122] Eine erschöpfende Leistungsbeschreibung wird zwar von der UfAB empfohlen, muss aber zum Vergabezeitpunkt noch nicht vorliegen.[123]

Das Entfallen der Pflicht, das Vergabeverfahren mit einer erschöpfenden Leistungsbeschreibung zu beenden, schließt somit auch den agilen Festpreis nicht aus. So kann der Auftraggeber beispielsweise im Rahmen des Dialoges mit einer begrenzten Anzahl von Bietern ein Product Backlog erarbeiten und den Preis der Bieter zu ebendiesem Product Backlog über die Vergabe entscheiden lassen. Fraglich ist jedoch wie die Güte der Kooperation, welche sich im Rahmen dieses Prozesses gezeigt hat, in den Entscheidungsprozess eingebunden werden kann. Schließlich ist gute Kooperation für agile Methoden und auch für den agilen Festpreisvertrag unerlässlich, es soll aber das wirtschaftlichste Angebot ausgewählt werden. Jedoch kann der zu dieser Auswahl führende Dialog in mehrere Phasen gegliedert werden. So kann die Anzahl der Bieter um diejenigen, mit denen die Kooperation in agilen Methoden anhand objektiver Kriterien als schwieriger erscheint, verringert werden sofern die Kooperation als wichtige Bedingung agiler Methoden im Lösungskonzept gefordert ist. Dabei sollten bei der letztendlichen Auswahl noch ausreichend Angebote vorliegen, um einen echten Wettbewerb zu ermöglichen. Es verbleibt die schwer zu beantwortende Frage, ob die Kooperation objektiv sinnvoll bewertet werden kann.[124]

Aufgrund der hohen Flexibilität lässt dieses Vergabeverfahren auch andere Vergütungsmodelle ohne jegliche Einschränkung zu. Der öffentliche Auftraggeber kann noch während des Dialoges Bedingungen bezüglich des Vergütungsmodells vorgeben, anhand derer die Bieter ihre Angebote abgeben müssen. Seien es Festpreise, Tagessätze oder nutzenabhängige Preise. Es muss letztendlich nur über die Wirtschaftlichkeit der Angebote entschieden werden.

---

[122] Vgl. Glas 2012, S. 79f.

[123] Vgl. Müller-Hengstenberg 2012, S. 7; o.V. 2015b, S. 240.

[124] Vgl. §14 Abs. 3, §17 Abs. 10 & §51 Abs. 2 VgV; Opelt 2014, 10; o.V. 2015b, S. 238ff.

4.2.3 Innovationspartnerschaft

Bereits vor der Vergaberechtsreform versprach das Bundesministerium für Wirtschaft und Energie, dass auch innovative Aspekte zukünftig größere Berücksichtigung bei der Vergabe finden sollen.[125] Mit der neu geschaffenen Innovationspartnerschaft wurde eine weitere Möglichkeit der nicht rein über den Preis entscheidenden Vergabe implementiert.[126] Hiermit soll die Entwicklung noch nicht am Markt verfügbarer Liefer-, Bau- und Dienstleistungen vergeben werden und die daraus hervorgehende Leistung im Anschluss erworben werden. Allein auf Grundlage des niedrigsten Preises darf kein Zuschlag erteilt werden. Es müssen auch andere Kriterien für die Vergabe herangezogen werden. Diese sollten im Wesentlichen auf den Innovationsgrad abzielen. Die Innovationspartnerschaft soll dem Auftraggeber ermöglichen, nach einer Forschungs- und Entwicklungsphase ohne weiteres Vergabeverfahren in die zweite Phase überzugehen, in welcher die hervorgegangene Leistung erbracht wird. Die genauen Verfahrensregeln entsprechen dabei im Wesentlichen denen des Verhandlungsverfahrens.[127] Bei einem Entwicklungsprojekt individueller Software sollten die Nutzungsrechte des Auftraggebers ohnehin vertraglich vereinbart sein. Da es sich in diesem Fall nicht um Forschung, sondern um die Entwicklung eines Produktes handelt, welches anschließend keiner Produktionsphase bedarf, hat dieser zusätzliche Verfahrensschritt keinen Mehrwert im Kontext des hier behandelten Themas. Mit Fertigstellung der Entwicklung ist eine Leistungsphase nicht mehr nötig. Die neu geschaffene Innovationspartnerschaft hat in der Vergabe der Entwicklung einer neuen Software demnach keinen wesentlichen Mehrwert gegenüber dem wettbewerblichen Dialog.[128]

4.3 Analyse aus Sicht des Preisrechtes

Im Rahmen von Beschaffungsvorgängen wird der öffentliche Auftraggeber privatrechtlich tätig. Durch den hierbei geltenden Grundsatz der Vertragsfreiheit haben beide Vertragsparteien auch grundsätzlich die Freiheit, den Vertrag gemäß den

---

[125] Vgl. o.V. 2015a, S. 3.

[126] Vgl. Fieseler 2016.

[127] Vgl. Bungenberg 2017, S. 75.

[128] Vgl. §19 VgV; §119 GWB.

eigenen Vorstellungen zu gestalten.[129] Nichtsdestotrotz muss der öffentliche Auftraggeber auch preisrechtliche Vorgaben erfüllen. Bereits in den Vergabeunterlagen für Bewerber oder Bieter müssen Angaben zur Preisbildung vollständig, transparent und eindeutig enthalten sein.[130]

4.3.1 Marktpreis

Bei der Vergabe öffentlicher Aufträge ist Marktpreisen aufgrund besserer Leistungsanreize für den Auftragnehmer und der aufwendigeren Selbstkostenpreisprüfung generell der Vorzug vor Selbstkostenpreisen zu geben.[131] Hierdurch soll das Greifen marktwirtschaftlicher Mechanismen gewährleistet werden. Damit ein Marktpreis akzeptiert werden kann, muss dieser als marktüblich gelten. Marktüblich ist der Preis, sofern der Auftragnehmer nachweisen kann, dass er bei vergleichbaren Aufträgen ebendiesen Preis bei privaten Auftraggebern erzielen konnte.[132] Der Wettbewerb mehrerer Angebote im Vergabeverfahren gilt jedoch nur als Indiz, nicht als Bestätigung, dass ein Marktpreis für die angebotene Softwareentwicklung vorliegt.[133] Lediglich wenn eine Leistungsbeschreibung vorliegt, die so genau ist, dass Anbieter einen fundierten bestimmten Preis nennen können, liegt ein Marktpreis im sogenannten besonderen Markt vor.[134] Da im Fall des wettbewerblichen Dialogs meist nur sehr wenige bis keine Vergleichsangebote vorliegen und die Leistung zudem bei agiler Entwicklung nicht für diesen Zweck hinreichend genau beschrieben werden soll, ist der Marktpreis im besonderen Markt daher in der Regel auf andere Weise zu bestätigen. Für das Entwicklungsprojekt individueller Software wird es kaum Vergleichsobjekte mit gleichem Leistungsinhalt geben. Eine Alternative könnte es sein, die Inhalte des Angebotes weiter aufzubrechen und auf tieferer Ebene zu betrachten, um Teilleistungen auf das Vorliegen von betriebssubjektiven Marktpreisen zu prüfen.

Im Rahmen der Entwicklung einer Software ist aufgrund des generell großen Anteils von Personalkosten ein offensichtlicher Ansatz, Tagessätze der Entwickler als Marktpreis zu definieren, sofern der Auftragnehmer diese nachweisen kann.

---

[129] Vgl. o.V. 2015b, S. 16.

[130] Vgl. o.V. 2015b, S. 294.

[131] Vgl. §1 Abs. 1 VO PR 30/53; Pauka und Chrobot 2011, S. 408.

[132] Vgl. Georgi 2015, S. 27.

[133] Vgl. Dierkes et al. 2009, S. 203.

[134] Vgl. Ebisch et al. 2010, S. 87.

Findet keine weitere Preiskalkulation statt und ist dies das einzige Preiselement des Vertrages, so entspricht dies dem Vergütungsmodell des Aufwandspreises. Denn der Preis für die angebotene Leistung kann entweder als Gesamtpreis oder auch als Liste von Einzelpreisen angegeben werden und somit Grundlage für die Leistungsabrechnung sein.[135] Aufgrund des Vorrangs von festen vor veränderlichen Preisen[136] sollte dies nicht die erste Wahl bei der Findung des Preismodells des Vertrages sein. Eine weitere Möglichkeit im Kontext eines agilen Entwicklungsprojektes kann die Definition eines Marktpreises für einen Story Point sein. Der Product Backlog eines Projektes wäre somit anhand einer einfachen Metrik, nach Bewertung ebendiesen Backlogs in Story Points, durch Multiplikation mit dem Marktpreis je Story Point mit einem Marktpreis zu versehen. Nebenbei hätte dies den Vorteil, dass der Auftragnehmer zu einer höheren Entwicklungsgeschwindigkeit motiviert wird, da er direkt von dieser profitiert. Die Bewertung anhand von Story Points ist jedoch ein subjektives Maß für eine Story, also eine sehr knappe, qualitative Beschreibung eines Nutzens. Marktgängige Vergleichsobjekte werden sich hier kaum finden lassen. Eine Alternative kann es sein, nach Abschätzung des Backlogs, der Entwicklungsgeschwindigkeit und der daraus resultierenden Projektdauer mit einem bestimmten Personaleinsatz die Zahl der zu investierenden Manntage zu ermitteln. Bestünde ein akzeptierter Marktpreis für einen Tagessatz, so könnte anhand dessen ein Marktpreis für den zu entwickelnden Backlog generiert werden.

Sollte das aufgrund der cross-funktionalen Teamzusammensetzung zu Problemen führen, können die mit einem Preis zu versehenden Leistungen weiter verdichtet werden. Ein im Entwicklungsteam integrierter Tester oder Designer hat ein zu den anderen Teammitgliedern abweichendes Aufgabenfeld, sein Gehaltsniveau kann ebenso abweichen. Sein Tagessatz muss somit in gleicher Weise von dem des restlichen Teams abweichen. Um zu viele Einzelpreise für Tagessätze und damit einhergehende Marktpreisprüfungen zu vermeiden, kann der Preis eines Teams je Iteration angeboten werden. Hierdurch kann ebenfalls entweder ein Aufwandspreis, oder in Verbindung mit Aufwandsschätzungen ein Festpreis generiert werden. Der Angebotspreis darf auch Preisregelungen enthalten, auf deren Grundlage sich der Preis über die Vertragslaufzeit anpasst, sofern diese Regelun-

---

[135] Vgl. o.V. 2015b, S. 294.
[136] Vgl. §1 Abs. 2 VgV.

gen abschließend im Vertrag beschrieben sind.[137] Eine erfolgsbezogene Bindung an Function Points, wie in Kapitel 3.3.5 dargestellt, wäre demnach auch möglich. Es muss jedoch eine Konstanz der Teams gewährleistet sein, um eine Vergleichbarkeit zu anderen, am Markt verkauften Entwicklungsiterationen eines Teams zu schaffen. Um sich in der für eine agile Entwicklung benötigten Flexibilität nicht einzuschränken, wäre folglich die Darstellung von Marktpreisen auf Ebene von Tagessätzen zielführender.

Nach Auslegung der Preisprüfer kann sich die Vergleichbarkeit jedoch nur auf die Leistung als Ganzes stützen. Ist die Vergleichbarkeit der Gesamtleistung nicht gegeben, sind Selbstkostenpreise anzuwenden.[138] Da eine ausreichende Vergleichbarkeit vor allem im wettbewerblichen Dialog wie eingangs beschrieben nur selten gegeben sein kann, wird das Heranziehen von Marktpreisen selten möglich sein.

4.3.2 Selbstkostenpreis einer Entwicklung

In der Praxis findet die Anwendung von Selbstkostenpreisen häufig in Verbindung mit Dienstleistungsaufträgen, vor allem in der IT-Branche, statt.[139] Grundsätzlich sollen bei der Vergabe öffentlicher Aufträge feste Preise vereinbart werden, sofern die Verhältnisse des Auftrages dies zulassen. Diese festen Preise sollen bei Abschluss des Vertrages fixiert sein, kommen also durch eine Vorkalkulation zustande.[140] Ebenso wie bei dem Marktpreisvorrang sollen hierdurch bessere Leistungsanreize gesetzt und eine Preisstabilität gewährleistet werden.[141]

Es wird zwischen Selbstkostenfest-, -richt und -erstattungspreisen unterschieden. Hier sei das Kapitel 2.3.3 und die Preistreppe in Abbildung 2 in Erinnerung gerufen, welche den Selbstkostenfestpreis favorisiert. In Projekten, die sich mit vielen Änderungen konfrontiert sehen, stellen Preisprüfer jedoch vermehrt Richt- oder Erstattungspreise fest. Nicht nur Entwicklungsprojekte, auch Großprojekte im Allgemeinen stehen dieser Schwierigkeit gegenüber. Begründet wird dies mit der fehlenden Übersicht bei einer Festpreisprüfung mit vielen Change Requests und

---

[137] Vgl. o.V. 2015b, S. 295.

[138] Vgl. Ebisch et al. 2010, S. 102ff.

[139] Vgl. Georgi 2015, S. 161ff.

[140] Vgl. §1 Abs. 2VgV.

[141] Vgl. Ebisch et al. 2010, S. 30.

dem damit einhergehendem Indiz für eine geringe Wertigkeit der Planung und der Aufwandsschätzungen für die Vorkalkulation.[142]

Es kann jedoch angenommen werden, dass die Bewertung des zu entwickelnden Umfangs in Story Points und die mit agilen Methoden einhergehende Bemessungsmetrik ein Beziffern des Projektumfangs ermöglicht. Es werden zwar wie in den Change Requests inhaltliche Änderungen an dem Funktionsumfang getätigt, die quantitative Bemessung des Funktionsumfangs in Story Points bleibt jedoch die gleiche. Im Falle des agilen Festpreises kann die Argumentation gegen einen vorkalkulatorischen Selbstkostenfestpreis wegen zu vieler inhaltlicher Änderungen während der Projektlaufzeit demnach nicht angebracht werden. Auch die vereinfachte Schätzung eines noch nicht vollumfänglich definierten Funktionsumfangs trägt dazu bei, dass zu Beginn der Ausschreibung nur in Ausnahmefällen keine Schätzung des Umfangs getätigt werden kann. Sofern Schätzungen möglich und inhaltlich sinnvoll sind, soll immer dem Selbstkostenfestpreis der Vorrang gegeben werden.[143] Selbstkostenricht und -erstattungspreise und eine nachkalkulatorische Festlegung des Preises sollte es bei der Vergabe agiler Entwicklungsprojekte demnach nur in Ausnahmefällen geben. Dies kann der Fall sein, wenn noch keine genaue Vision des Produktes vorliegt und somit auch der Umfang des Product Backlogs nicht beziffert werden kann. In diesen Fällen muss auf Aufwandspreise in Verbindung mit dem Selbstkostenerstattungspreis zurückgegriffen werden.

4.3.3 Leitsätze für die Preisermittlung

Werden in einem Angebot Selbstkostenpreise dargestellt, so müssen diese gemäß der Leitsätze für die Preisermittlung auf Grund von Selbstkosten (PreisLS) kalkuliert werden.[144] Die PreisLS schreiben sehr detailliert vor, wie die Kalkulation der Selbstkostenpreise auszusehen hat und lassen einen davon abweichenden Umgang mit den einzelnen Positionen nicht zu. So haben die PreisLS beispielsweise genaue Vorschriften, wie die Berechnung des angesetzten Risikos auszusehen hat. Außerhalb der PreisLS gibt es mehrere Modelle, welche sich mit dem Risiko in der

---

[142] Vgl. Georgi 2015, S. 165ff.

[143] Vgl. §6 Abs. 1 VO PR 30/53.

[144] Vgl. Nr. 1 PreisLS.

Softwareentwicklung beschäftigen.[145] Appari und Benaroch (2010) haben ein Modell entwickelt, Risikofaktoren einer Softwareentwicklung im Einzelnen zu beziffern. Sie setzten sich dabei intensiv mit bestimmten, für die Softwareentwicklung besonders relevanten Positionen, wie den persönlichen Fähigkeiten der Entwickler, der Prozessreife oder der technologischen Plattform auseinander und entwickelten dabei eine Methode zur preislichen Bewertung dieser Risikoparameter.[146] Das dargestellte Vorgehen zur Ermittlung der Risiken, beziehungsweise die Berücksichtigung von Risikowerten allgemein, ist nur schwer mit den PreisLS zu vereinbaren. Diese lassen sogenannte kalkulatorische Wagniskosten zu, welche anhand tatsächlich entstandener Verluste aus Wagnissen zu ermitteln sind. Sie sind des Weiteren mit den Wagnisgewinnen zu verrechnen.[147] Es wird somit ein sehr vergangenheitsorientiertes Vorgehen vorgeschrieben. Die detaillierten Vorstellungen der PreisLS lassen ein anderes, zukunftsorientierteres Modell der Bewertung von Risiken in der Preisfindung nicht zu. Auch mit den Schätzmethoden agiler Entwicklung ist die Berücksichtigung von Risikopositionen nur schwer vereinbar. Bei der Berücksichtigung des Risikos in der Bewertung der Storys mit Story Points würde die Referenzbeziehung der Storys untereinander verloren gehen. Die Berücksichtigung eines Risikos in der Bewertung der Story Points in Stunden anhand der Entwicklungsgeschwindigkeit ist ebenfalls problematisch. Eine dauerhafte Unterschreitung der prognostizierten Geschwindigkeit aufgrund von Risikopositionen kann Misstrauen des Kunden wecken. Wenn dem Vertrauen des Kunden und der Metrik der Aufwandsschätzung nicht geschadet werden soll, kann das Risiko also nur gemäß der genauen Vorstellungen der Nr. 49 PreisLS bewertet werden.

Gemäß PreisLS ist des Weiteren zwischen der freien und der gebundenen Entwicklung zu unterscheiden. Dabei sind freie Entwicklungen solche, die unternehmenseigene Zielsetzungen und Bedürfnisse befriedigen. Gebundene Entwicklungen sind zwischen Auftraggeber und -nehmer vereinbarte Leistungen. Vor dem Hintergrund, dass in der Praxis heutzutage nur noch in Ausnahmefällen in der industriellen Sachgüterfertigung von Großunternehmen Entwicklungsprojekte als freie Entwicklung anerkannt werden, ist in der Softwareentwicklung lediglich die

---

[145] Vgl. Boehm 1989; Harrison 2002.

[146] Vgl. Appari und Benaroch 2010, S. 2104ff; Benaroch und Appari 2010, S. 71ff.

[147] Vgl. Nr. 49 PreisLS; Ebisch et al. 2010, S. 502ff.

gebundene Entwicklung von übergeordneter Bedeutung.[148] Werden bei einer Preisprüfung jedoch Aufwandsposten identifiziert, welche direkt für die Selbstkostenpreisermittlung herangezogen wurden, nach Dafürhalten des Preisprüfers jedoch als allgemeine freie Entwicklung gelten, müssen diese retrograd der Vorkalkulation entnommen und mittels differenzierter Zuschläge über alle Erzeugnisse, Dienstleistungen und gebundenen Entwicklungen verteilt werden. Der Preis würde nach einer Preisprüfung somit retrograd sinken.[149]

Durch diese Beispiele zu den Besonderheiten der PreisLS wird schnell ersichtlich, dass detailliertes Fachwissen bezüglich ebendieser Leitsätze und der internen Leistungsverrechnung bei der Angebotsabgabe an einen öffentlichen Auftraggeber nötig ist. Wird sich vor Angebotsabgabe und entsprechender Preiskalkulation nicht ausreichend mit den PreisLS auseinandergesetzt, geht das bietende Unternehmen das Risiko ein, aufgrund von Anpassungen des Preisprüfers in der Kalkulation nach Vertragsschluss einen geringeren Preis als vertraglich vereinbart hinnehmen zu müssen. Schließlich sind die PreisLS als Anlage der VO PR 30/53 Vertragsbestandteil, auch ohne ausdrücklich im Vertrag erwähnt worden zu sein.[150]

4.4 Fazit

Kapitel 3 hat aufgezeigt, dass der agile Festpreis dem Auftragnehmer Leistungsanreize setzt, die nötige Flexibilität für die Entwicklungsprozesse bietet und dennoch die Verbindlichkeit besitzt, Kundenwünsche effizient durchzusetzen. Als somit passendster Preistyp für die meisten Ausgangssituationen agiler Entwicklungsprojekte sollte es dem öffentlichen Auftraggeber zumindest ermöglicht werden, diesen Preistypen zu beauftragen. Die eingangs gestellte Frage, ob der agile Festpreis mit den besonderen Bedürfnissen des öffentlichen Auftraggebers vereinbar ist, kann positiv beantwortet werden. Es gibt jedoch noch diverse Hindernisse des Vergabesystems, die dieses Vorgehen erschweren.

Das Haushaltsrecht schreibt die Beachtung des Wirtschaftlichkeitsprinzips vor, das daraus resultierende Maximalprinzip favorisiert klar den regulären Festpreisvertrag. Es bevorzugt allgemein eine abgeschlossene, durch den Rechnungshof geprüfte Planung. Eine Neu- oder Umplanung sollte anschließend vermieden

---

[148] Vgl. Nr. 27 & 28 PreisLS; Ebisch et al. 2010, S. 392f; Birgel 1994, S. 224.
[149] Vgl. Ebisch et al. 2010, S. 396.
[150] Vgl. §2 VO PR 30/53.

werden.[151] Das Wirtschaftlichkeitsprinzip stellt jedoch eher während des Beschaffungsprozesses zu beachtende Prämissen, keine prozessualen Richtlinien.[152] Es schließt somit selbst keine der vorgestellten Preistypen aus. Die UfAB schließt unter Bezugnahme hierauf jedoch den agilen Festpreis aus. Diese soll selbst aber lediglich der Veranschaulichung des Prozesses dienen, somit ist der Ausschluss nicht bindend.

Bezüglich des Vergaberechts kann grundsätzlich festgestellt werden, dass es durch die Forderung systematischer Vorarbeiten im Vergabeverfahren und die Erarbeitung von Anforderungen mit dem Ziel eines technischen Konzeptes planorientierte Entwicklungsmethoden favorisiert.[153] Die Herbeiführung der Innovationspartnerschaft im VgV durch die kürzliche Vergaberechtsreform zeigt jedoch das Interesse an der Förderung von Innovationen im Land. Der Staat sollte grundsätzlich ein Interesse daran haben, denn diese begünstigen das Wirtschaftswachstum. Da sich agile Entwicklungsmethoden am Markt durchsetzen, ist es für den öffentlichen Auftraggeber eher kontraproduktiv, Softwareentwicklungen nach alten, ausgedienten phasenorientierten Methoden zu beauftragen. Denn so werden wider die Innovation nicht wettbewerbsfähige Methoden erhalten und gefördert.[154] Im Rahmen einer agilen Softwareentwicklung scheint die gängigste Alternative jedoch der wettbewerbliche Dialog.

Die UfAB, welche dem öffentlichen Auftraggeber in der Praxis die Ausschreibung von IT-Leistungen erleichtert und auch rechtliche Grundlagen vermitteln soll, behandelt agile Methoden und deren Besonderheiten bei der Vergabe nicht. Diese fehlende Berücksichtigung zeigt, dass sich das Bundesministerium des Inneren als Verfasser im Besonderen und die öffentliche Hand im Allgemeinen bisher nicht ausreichend mit dem Thema befasst hat. Zumal diese Unterlage seit der Reform des oberschwelligen Vergaberechts im Jahr 2016 und der des unterschwelligen Vergaberechts im Jahr 2017 noch nicht aktualisiert wurde und auf die längst überholte VOL/A referenziert.[155] Vor diesem Hintergrund ist es nicht verwunderlich, dass die Einkäufer der Beschaffungsstellen der öffentlichen Hand unzu-

---

[151] Vgl. Engels 2015, S. 123.

[152] Vgl. Georgi 2015, S. 9.

[153] Vgl. Müller-Hengstenberg 2012, S. 4.

[154] Vgl. Erwägungsgrund 47 2014/24/EU.

[155] Vgl. o.V. 2015b, S. 12.

reichend auf die Umsetzung des strategischen Ziels der Innovation vorbereitet sind und sich auf den Preis als einziges Vergabekriterium konzentrieren um somit mögliche Fehler zu vermeiden.[156]

Aus Sicht des öffentlichen Auftraggebers scheint das Heranziehen der Preisverordnung und der PreisLS auf den ersten Blick keinen wesentlichen Mehrwert zu generieren. Bei der Vergabe eines Projektes kann es ihm gleich sein, ob der potenzielle Auftragnehmer zu einem Preis anbietet, den er über einen Marktpreis oder einen Selbstkostenfestpreis nachweist. Solange ihm eine ausreichende Anzahl inhaltlich vergleichbarer Angebote vorliegt, deren Preise er vergleichen kann, ist es ihm auch möglich die günstigeren Angebote zu wählen oder bei den teureren Angeboten nachzuverhandeln. Wichtig scheint hierbei nur, keinen variierenden Preis wie den Richtpreis zu wählen, um eine fundierte Entscheidung für den günstigsten Preis treffen zu können. Liegen jedoch nur Angebote vor, deren Leistungsinhalt nicht hinreichend verglichen werden kann, wird es für die Einschätzung des Preis- Leistungsverhältnisses, beziehungsweise die Entscheidung für den sparsamsten Preis, umso wichtiger eine Aussage über die Güte des Preises selbst treffen zu können. Hier hat der Marktpreis gegenüber dem Selbstkostenpreis den Vorteil, dass er im Verhältnis zu einer entsprechenden Leistung vom Markt bestätigt wurde. Im Fall der agilen Softwareentwicklung kann meist ohne genaue Planung kein Marktpreis angenommen werden. Die Preisordnung favorisiert hier klar planorientierte Vorgehensmodelle mit Pflichtenheft, da eine Marktpreisbildung einfacher erscheint. Wird agil entwickelt und auf ein Pflichtenheft verzichtet, kann in Verbindung mit dem Preismodell des agilen Festpreises ein Selbstkostenfestpreis ermittelt werden. Diesem gibt die Preisverordnung den Vorrang vor einem Aufwandspreis im Zusammenhang eines nachkalkulatorischen Selbstkostenerstattungspreises. Sollte also auf den durch Vergaberecht und preisrechtliche Vorschriften noch eindeutiger bevorzugten regulären Festpreis mit Pflichtenheft verzichtet werden, kann die in Abbildung 4 dargestellte Methode zur Schätzung der Projektaufwände angewandt werden. Nachdem die Bewertung in Form von Story Points stattgefunden hat, können mittels der sehr detaillierten Vorgaben der PreisLS zur Preisfindung, die Ermittlung der Selbstkostenpreise der Stunden- oder Tagessätze durchgeführt werden.

---

[156] Vgl. Berg und Blankenberg 2016, S. 24.

Im Rahmen dieser Arbeit nicht geklärt wurde bisher die Frage, welche Auswirkungen es hat, wenn die Entwicklung einer Software nur eine Teilleistung im Rahmen eines größeren Projektes der öffentlichen Hand darstellt, welches auch andersartige Güter einschließt. Da der öffentliche Auftraggeber die Vergabe von Projekten jedoch in Fachlose aufteilen kann, um diese voneinander abzugrenzen, sollte es hier keine Auswirkungen auf die Art der Vergabe und des Vergütungsmodells der Softwareentwicklung geben.[157]

---

[157] Vgl. o.V. 2015b, S. 71.

5 Zusammenfassung und Ausblick

Mit zunehmender Digitalisierung der Gesellschaft muss sich die Rechtslage auf den Trend zur agilen Entwicklung, welche erwiesenermaßen viele Vorteile mit sich bringt,[158] einstellen und den öffentlichen Auftraggebern die Vergabe von agilen Entwicklungsprojekten ermöglichen. Die Umsetzung solcher Vorgehensmodelle sollte zudem eine möglichst geringe Einschränkung durch die Preisgestaltung erfahren. Das ist am ehesten mit dem agilen Festpreisvertrag gegeben.

Weder das Haushaltsrecht noch das Vergaberecht behindern den öffentlichen Auftraggeber hier wesentlich. Wird anerkannt, dass die detaillierte Planung eines größeren Softwareentwicklungsprojektes in der Regel nicht sinnvoll oder möglich ist, kann auf den wettbewerblichen Dialog ausgewichen werden. Es wird empfohlen, diesen Sachverhalt und auch die Besonderheiten agiler Methoden in einer überfälligen Überarbeitung der UfAB darzustellen, damit dieses Vorgehen in der Praxis auch umgesetzt werden kann. Es ist unrealistisch zu glauben, es wäre sinnvoll über ein Pflichtenheft einen einzuhaltenden Plan für die Zukunft zu erstellen, in welchem alle Anforderungen abgedeckt werden sollen, die vor Angebotsausschreibung teilweise noch gar nicht bekannt sein können. Vor allem in der öffentlichen Auftragsvergabe mit langwierigen Vergabeverfahren muss diese aus dem Vergaberecht stammende Anforderung entfallen. Hier liegt zwischen Ausschreibung und Abnahme ein großer Zeitraum, in dem viel Platz für eine sich ändernde Umwelt und Anforderungen an die Software ist. Umso weniger zielführend scheinen in diesem Kontext Vorschläge, als Gegenmaßnahme zu den zahlreichen gescheiterten Softwareentwicklungsprojekten der öffentlichen Hand, das Vergabeverfahren in weitere Teilprozesse aufzuspalten und folglich noch später in die Realisierungsphase zu gelangen.[159]

Ferner sollte die Interpretation der UfAB bezüglich des Wirtschaftlichkeitsprinzips, welche aktuell den agilen Festpreis als Vergütungsmodell ausschließt, überdacht werden. Denn nur in Verbindung mit dem agilen Festpreis können agile Vorgehensmodelle in der Entwicklung optimal umgesetzt werden.

---

[158] Vgl. Orłowski et al. 2017, S. 525f; Ahimbisibwe et al. 2017, S. 420f; Petrini und Muniz JR 2014, S. 435; o.V. 2017, S. 9. Neben der höheren Erfolgs- und geringeren Abbruchswahrscheinlichkeiten solcher Projekte werden die Vorteile im Einzelnen in Kapitel 2.2.3 beschrieben.

[159] Vgl. Mertens 2012, S. 444.

Die Preisprüfer lassen im Rahmen der Vergabe von Softwareentwicklungsprojekten in der Regel nur die Festlegung von Selbstkostenpreisen zu. Da die jährlichen Kosten der öffentlichen Auftraggeber der Bundesrepublik Deutschland für den Vergabeprozess von Aufträgen in die Milliarden gehen,[160] sollte untersucht werden, ob für den im Rahmen dieser Arbeit behandelten Bereich zukünftig eine abweichende Interpretation des Preisrechts durch die Preisprüfer stattfinden kann. So könnte durch die Definition von betriebssubjektiven Marktpreisen von Teilleistungen im Rahmen eines Festpreisprojektes, beispielsweise für Tagessätze von Softwareentwicklern, die intensive Selbstkostenpreis-Prüfung eingespart werden. Nicht nur der öffentlichen Hand, auch den bietenden Unternehmen würde dies die Bindung teurer Ressourcen ersparen. Sollte die durch eine vom Bundesministerium für Wirtschaft und Energie in Auftrag gegebene Studie empfohlene Reform der seit den 1950ern nicht wesentlich reformierten Preisverordnung angestrebt werden, muss dieser Punkt jedoch vor dem Hintergrund der dort umgesetzten Neuerungen betrachtet werden.[161]

---

[160] Vgl. o.V. 2008, S. 78.
[161] Vgl. Dörr und Hoffjan 2015, S. 5f.

Literaturverzeichnis

Ahimbisibwe, Arthur; Daellenbach, Urs; Cavana, Robert Y. (2017): Empirical comparison of traditional plan-based and agile methodologies. In: *Journal of Enterprise Information Management* 30 (3), S. 400–453.

Appari, Ajit; Benaroch, Michel (2010): Monetary pricing of software development risks. A method and empirical illustration. In: *Journal of Systems and Software* 83 (11), S. 2098–2107.

Auer-Reinsdorff, Astrid (2010): Feststellung der versprochenen Leistung beim Einsatz agiler Projektmethoden. In: *ITRB*, S. 93–95.

Baumeister, Alexander; Ilg, Markus (2014): Was Flexibilität in Software-Projekten kosten darf. In: *Control Manag Rev* 58 (7), S. 102–110.

Beck, Kent; Beedle, Mike; van Bennekum, Arie; Cockburn, Alistair; Cunningham, Ward; Fowler, Martin et al. (2001a): Manifesto for Agile Software Development. Online verfügbar unter http://agilemanifesto.org/, zuletzt aktualisiert am 2001, zuletzt geprüft am 29.10.2017.

Beck, Kent; Beedle, Mike; van Bennekum, Arie; Cockburn, Alistair; Cunningham, Ward; Fowler, Martin et al. (2001b): Principles behind the Agile Manifesto. Online verfügbar unter http://agilemanifesto.org/principles.html, zuletzt aktualisiert am 2001, zuletzt geprüft am 29.10.2017.

Benaroch, Michel; Appari, Ajit (2010): Financial Pricing of Software Development Risk Factors. In: *IEEE Softw.* 27 (5), S. 65–73.

Berg, Matthias; Blankenberg, Bianka (2016): Innovative öffentliche Beschaffung. Potenziale erkennen und handeln. In: *Ökologisches Wirtschaften* (01), S. 23–24.

Birgel, Karl J. (1994): Öffentliches Auftragswesen und Preisrecht. Ratgeber für Klein- und Mittelbetriebe zur Ausschreibung, Vergabe und Preisbildung öffentlicher Aufträge einschl. Bauaufträge. Freiburg: Haufe (Rechtsratgeber).

Boehm, Barry W. (1989): Software risk management. Washington: IEEE Computer Soc. Press (IEEE Catalog. EH0, 291,5).

Book, Matthias; Gruhn, Volker; Striemer, Rüdiger (2017): Erfolgreiche agile Projekte. Pragmatische Kooperation und faires Contracting. Berlin: Springer Vieweg (Xpert.press).

Bungenberg, Marc Schelhaas Stefan (2017): Die Modernisierung des deutschen Vergaberechts. In: *WUW Wirtschaft und Wetbewerb* (02), S. 72–79.

Dierkes, Mathias; Hamann, Rolf; Bohlsen, Manfred; Jung, Herbert (2009): Öffentliches Preisrecht in der Wasserwirtschaft. 1. Aufl. Baden-Baden: Nomos.

Dörr, Oliver; Hoffjan, Andreas (2015): Die Bedeutung der Verordnung PR Nr. 30/53 über die Preise bei öffentlichen Aufträgen. Studie im Auftrag des Bundesministeriums für Wirtschaft und Energie. Online verfügbar unter https://www.bmwi.de/Redaktion/DE/Downloads/Studien/die-bedeutung-der-verordnung-pr-nr-30-53-ueber-die-preise-bei-oeffentlichen-auftraegen.pdf?__blob=publicationFile&v=1, zuletzt aktualisiert am 01.03.2015, zuletzt geprüft am 29.10.2017.

Düsterdiek, Bernd; Röwekamp, Hendrik; Kulartz, Hans-Peter (2010): VOL/A und VOL/B. Kurzerläuterungen für die Praxis. 6., neu bearb. und erw. Aufl. Stuttgart: Kohlhammer (Recht und Verwaltung).

Dutt, Abhijit; Jain, Hemant; Kumar, Sanjeev (2017): Providing Software as a Service. A design decision(s) model. In: *Inf Syst E-Bus Manage* 53 (4), S. 1–30.

Ebisch, Hellmuth; Gottschalk, Joachim; Hoffjan, Andreas; Müller, Hans-Peter; Waldmann, Bettina (2010): Preise und Preisprüfungen bei öffentlichen Aufträgen. Kommentar. 8., neu bearbeitete Auflage. München: Verlag Franz Vahlen (In Bücher).

Engels, Dieter (2015): Der haushaltsrechtliche Grundsatz der Wirtschaftlichkeit. In: *Verwaltung & Management : VM : Zeitschrift für moderne Verwaltung* 21 (3), S. 115–124.

Ernst, Stefan (2017): IT und Software. Agile Softwareprojekte und Vertragsauslegung. In: *Computer und Recht* 33 (5), S. 285–291.

Fabry, Beatrice; Meininger, Frank; Kayser, Karsten (2013): Vergaberecht in der Unternehmenspraxis. Wiesbaden: Springer Fachmedien Wiesbaden.

Fieseler, Jörn (2016): Einfacher und anwendungsfreundlicher? In: *Behörden Spiegel* (10).

Frank, Christian (2011): Bewegliche Vertragsgestaltung für agiles Programmieren. In: *Computer und Recht* 27 (3), S. 138–144.

Fuchs, Anke; Meierhöfer, Christine; Morsbach, Jochen; Pahlow, Louis (2012): Agile Programmierung – Neue Herausforderungen für das Softwarevertragsrecht? Unterschiede zu den „klassischen" Softwareentwicklungsprojekten. In: *MMR*, S. 427–433.

Georgi, Michael (2015): Die Preisbildung bei öffentlichen Aufträgen im Einklang mit der VO PR 30/53. Eine empirische Untersuchung mit besonderem Fokus auf Dienstleistungen. Zugl.: Dortmund, Techn. Univ., Diss., 2015. Hamburg: Kovač (Schriftenreihe Schriften zum betrieblichen Rechnungswesen und Controlling, 138).

Glas, Andreas H. (2012): Public Performance-based Contracting. Ergebnisorientierte Beschaffung und leistungsabhängige Preise im öffentlichen Sektor. Wiesbaden: Springer (Supply Chain Management, Beiträge zu Beschaffung und Logistik).

Gloger, Boris (2014): Wie schätzt man in agilen Projekten. Oder wieso Scrum-Projekte erfolgreicher sind. 1. Aufl. München: Carl Hanser Fachbuchverlag.

Gruhn, Volker (2014): Schlank planen, agil entwickeln - und den Kostenrahmen einhalten. In: *Computerwoche* (25), S. 1–6.

Harrison, W. (2002): Using the economic value of the firm as a basis for assessing the value of process improvements. In: *IEEE*, S. 123–127.

Hengstler; Arndt (2012): Gestaltung der Leistungs- und Vertragsbeziehung bei Scrum-Projekten. Umgang mit vertragsrelevanten Besonderheiten der Srum-Methode. In: *ITRB*, S. 113–116.

Heydenreich, Norman (2016): Die GPM im Zukunftsdialog mit Staat und Verwaltung. In: *Agilität im Projektportfoliomanagement* (04), S. 9–17.

Hoda, Rashina; Murugesan, Latha K. (2016): Multi-level agile project management challenges. A self-organizing team perspective. In: *Journal of Systems and Software* 117, S. 245–257, zuletzt geprüft am 30.07.2017.

Hoffjan, Andreas; Hövelborn, Timo; Strickmann, Christian (2013): Das Preisrecht bei öffentlichen Aufträgen – Status quo und empirische Befunde vor dem Hintergrund aktueller Reformbemühungen. In: *Zeitschrift für öffentliche und gemeinwirtschaftliche Unternehmen* 2013 (1), S. 3–16.

Kremer, Sascha (2010): Gestaltung von Verträgen für die agile Softwareerstellung. In: *ITRB*, S. 283–289.

Lapp, Thomas (2010): Interaktion und Kooperation bei IT-Projekten. Regelung der Mitwirkung bei modernen Projektmethoden. In: *ITRB*, S. 69–71.

Ley, Rudolf; Wankmüller, Michael (2016): Das neue Vergaberecht 2016. Lieferungen und Dienstleistungen nach GWB und VgV. 3. Auflage. Heidelberg: Rehm (Schnelleinstieg).

Ley, Rudolf; Wankmüller, Michael (2017): Die Unterschwellenvergabeordnung (UVgO 2017). Öffentliche Liefer- und Dienstleistungsaufträge unterhalb der EU-Schwellenwerte (vormals VOL/A, Abschnitt 1). 1. Auflage 2017. Heidelberg: Rehm Verlag; Rehm.

Maximini, Dominik (2013): Scrum - Einführung in der Unternehmenspraxis. Von starren Strukturen zu agilen Kulturen. Berlin, Heidelberg: Springer Gabler.

Mertens, Peter (2009): Schwierigkeiten mit IT-Projekten der öffentlichen Verwaltung. In: *Informatik Spektrum* 32 (1), S. 42–49.

Mertens, Peter (2012): Schwierigkeiten mit IT-Projekten der Öffentlichen Verwaltung – Neuere Entwicklungen. In: *Informatik Spektrum* 35 (6), S. 433–446.

Müller, Hans-Peter (2011): Das Preisrecht bei öffentlichen Aufträgen – vorbeugendes Instrumentarium gegen Wettbewerbsverstöße. In: *Neue Zeitschrift für Baurecht und Vergaberecht* (12), S. 720–725.

Müller, Markus (2016): Vertragsgestaltung bei Agilen Softwareentwicklungsverträgen. In: *HMD* 53 (2), S. 213–223.

Müller, Philip-Jerome; Hüsselmann, Claus (2017): Auswirkungen und Potenziale agiler Methoden. In: *Agilität im Projektportfoliomanagement* (02), S. 49–57.

Müller, Rainer (1991): Preisgestaltung bei öffentlichen Aufträgen. Preisbildung, Preisprüfung, vertragliche Preisvereinbarungen. Rheinbreitbach: NDV Neue Darmstädter Verl.-Anst.

Müller-Hengstenberg, Kirn (2012): Öffentliches Vergaberecht und moderne IT-Softwareentwicklung. In: *MMR*, S. 3–8.

Nestler, Anke (2017): Die finanzorientierte Bewertung von Software. In: *M&A REVIEW* (01-02), S. 14–19.

o.V. (2008): Kostenmessung der Prozesse öffentlicher Liefer-, Dienstleistungs- und Bauaufträge aus Sicht der Wirtschaft und der öffentlichen Auftraggeber. Studie im Auftrag des Bundesministeriums für Wirtschaft und Technologie, Endbericht 2008. Bundesministerium für Wirtschaft und Technologie.

o.V. (2015a): Eckpunkte zur Reform des Vergaberechts. Beschluss des Bundeskabinetts, 7. Januar 2015. hrsg. von Bundesministerium für Wirtschaft und Energie. Online verfügbar unter https://www.bmwi.de/Redaktion/DE/Downloads/E/eckpunkte-zur-reform-des-vergaberechts.pdf?__blob=publicationFile&v=3, zuletzt geprüft am 29.10.2017.

o.V. (2015b): UfAB VI - Unterlage für Ausschreibung und Bewertung von IT-Leistungen. 9. Fassung (30.04.2015 – UfAB VI, Version 1.0). Beschaffungsamt des Bundesministeriums des Inneren. Online verfügbar unter https://www.cio.bund.de/SharedDocs/Publikationen/DE/IT-Beschaffung/ufab_vi_download.pdf?__blob=publicationFile, zuletzt aktualisiert am 30.04.2015, zuletzt geprüft am 29.10.2017.

o.V. (2017): VersionOne 11th Annual State of Agile Report. hrsg. von VersionOne. Online verfügbar unter https://explore.versionone.com/state-of-agile/versionone-11th-annual-state-of-agile-report-2, zuletzt geprüft am 29.10.2017.

Oestereich, Bernd (2006): Der agile Festpreis und andere Preis- und Vertragsmodelle. In: *Objekt-Spektrum* (1), S. 29–33.

Opelt, Andreas (2014): Ein Vertrag für erfolgreiche IT-Projekte. In sechs Schritten zum Agilen Festpreis. In: *Projekt Magazin* (6), 1-13.

Opelt, Andreas; Gloger, Boris; Pfarl, Wolfgang; Mittermayr, Ralf (2012): Der agile Festpreis. Leitfaden für wirklich erfolgreiche IT-Projekt-Verträge. München: Hanser.

Orłowski, Cezary; Ziółkowski, Artur; Paciorkiewicz, Grzegorz (2017): Quantitative Assessment of the IT Agile Transformation. In: *Procedia Engineering* 182, S. 524–531.

Pauka, Marc; Chrobot, Gregor (2011): Öffentliches Preisrecht und Vergaberecht. Hinweise zu § 2 Abs. 4 VOL/A, insbesondere bei der Einbeziehung von Unterauftragnehmern. In: *VergabeR - Vergaberecht* (3), S. 405–412.

Petrini, Stefano; Muniz JR, Jorge (2014): SCRUM MANAGEMENT APPROACH APPLIED IN AEROSPACE SECTOR. In: *IEEE Softw.*, S. 434–456.

Pieper, Fritz-Ulli; Roock, Stefan (2017): Agile Verträge. Vertragsgestaltung bei agiler Entwicklung für Projektverantwortliche. 1. Auflage. Heidelberg: dpunkt.verlag.

Pils, Sabine (2012): Erfordert das Haushaltsrecht eine Flexibilisierung der Anforderungen an eine Leistungsbeschreibung nach den Verdingungsordnungen? Tübingen, Univ., Diss., 2012. Tübingen: Köhler.

Roock, Stefan; Wolf, Henning (2016): Scrum - verstehen und erfolgreich einsetzen. 1. Auflage. Heidelberg: dpunkt.verlag (it-agile).

Sack, Detlef; Sarter, Eva Katharina (2015): Öffentliche Aufträge und sozialpolitische Ziele. In: *Gesellschaft, Wirtschaft, Politik : GWP ; Sozialwissenschaften für politische Bildung* 64 (3), S. 369–380.

Sandhaus, Gregor; Knott, Philip; Berg, Björn (2015): Hybride Softwareentwicklung. In: *Informatik Spektrum* 38 (4), S. 306–309.

Schill, Katrin; Achtert, Werner (2015): V-Modell-XT-konformes Projektmanagement. In: *Agilität im Projektportfoliomanagement* (04), S. 52–54.

Schmid, Andreas; Hanisch, Bastian (2015): Das institutionelle Scheitern von Projekten – Public Project Management. In: *Agilität im Projektportfoliomanagement* (02), S. 15–22.

Schmidt, Holger; Kalkofen, Dennis; Böni, Mathias (2014): IT-Projekt-Management. In: *CIO - IT-Strategie für Manager*.

Schneider, Jochen (2010): "Neue" IT-Projektmethoden und "altes" Vertragsrecht. Herausforderungen für die Gestaltung von Erstellungs- und Anpassungsverträgen. In: *ITRB*, S. 18–23.

Söbbing, Thomas (2014): Agile Projekte in der IT-rechtlichen Praxis. In: *ITRB* (9), S. 214–219.

Sury, Ursula (2010): Agile Softwareverträge. In: *Informatik Spektrum* 33 (2), S. 213–222.

Tamm, Gerrit; Petruch, Konstantin; Bennemann, Michael (2008): Software as a Service - Herausforderungen und Strategien für IT-Abteilungen. In: *IM Information Management & Consulting* (4), S. 12–18.

Tsoi, Ho-Leung (2005): To Evaluate the Function Point Analysis: A Case Study. In: *International Journal of The Computer, the Internet and Management* (13), S. 31–40.

Wietersheim, Mark von (2016): Nach der Vergaberechtsreform ist vor der Vergaberechtsreform - Neues zum Stand der Rechtsentwicklung. jurisPR-VergR. Online verfügbar unter https://www.juris.de/jportal/portal/page/fpgesetze.psml?nid=jpr-NLVGADG000116&cmsuri=%2Fgesetzesportal%2Fde%2Fnachrichten%2Fzeigenachricht.jsp, zuletzt geprüft am 29.10.2017.

Wintersteiger, Andreas (2014): Scrum. Schnelleinstieg (2. aktualisierte und erweiterte Auflage) ; Schnelleinstieg. 1. Aufl. s.l.: entwickler.press.

Witte, Andreas (2010): Agiles Programmieren und § 651 BGB. In: *ITRB*, S. 44–47.

Gesetzes- und Urteilsverzeichnis

Bundeshaushaltsordnung (BHO) vom 19. August 1969 (BGBl. I S. 1284), zuletzt geändert durch Art. 11 des Gesetzes vom 14.08.2017 (BGBl. I S. 3122)

Delegierte Verordnung (EU) 2015/2170 der Kommission vom 24. November 2015 zur Änderung der Richtlinie 2014/24/EU des Europäischen Parlaments und des Rates der Europäischen Union im Hinblick auf die Schwellenwerte für Auftragsvergabeverfahren

Gesetz gegen Wettbewerbsbeschränkung (GWB) in der Fassung der Bekanntmachung vom 26. Juni 2013 (BGBl. I S. 1750, 3245), zuletzt geändert durch Art. 6 des Gesetzes vom 27.08.2017 (BGBl. I S. 3295)

Haushaltsgrundsätzegesetz (HGrG) vom 19. August 1969 (BGBl. I S. 1273), zuletzt geändert durch Art. 1 des Gesetzes vom 15.7.2013 I 2398

Leitsätze für die Preisermittlung auf Grund von Selbstkosten (PreisLS) (Anlage zur Verordnung PR Nr. 30/53 vom 21.11.1953) vom 21. November 1953 (BAnz 1953 Nr. 244), zuletzt geändert durch Art. 289 der Verordnung vom 25.11.2003 (BGBl. I S. 2304)

Richtlinie 2014/24/EU des Europäischen Parlaments und des Rates der Europäischen Union vom 26. Februar 2014 über die öffentliche Auftragsvergabe und zur Aufhebung der Richtlinie 2004/18/EG

Runderlass vom 22. Dezember 1953 (MinBlBMWi 1953 S. 515) betr. Durchführung der Verordnung PR Nr. 30/53 über die Preise bei öffentlichen Aufträgen vom 21. November 1953

Unterschwellenvergabeordnung (UVgO) vom 02. Februar 2017 (BAnz AT 07.02.2017 B1)

Vergabeverordnung (VgV) vom 12. April 2016 (BGBl. I S. 624), zuletzt geändert durch Art. 8 des Gesetzes vom 18.07. 2017 (BGBl. I S. 2745)

Verordnung PR Nr. 30/53 (VO PR 30/53) über die Preise bei öffentlichen Aufträgen vom 21. November 1953 (BAnz. 1953 Nr. 244), zuletzt geändert durch Art. 70 des Gesetzes vom 08.12.2010 (BGBl. I S. 1864)